I0166507

www.ingramcontent.com/pod-product-compliance
Lightning Source LLC
Chambersburg PA
CBHW080539090426
42733CB00016B/2631
* 9 7 8 0 9 9 9 1 4 0 5 3 6 *

READ HEBREW!

MICHELLE GEFT

This workbook was recreated from my previous book
"Read, Write, Recite Hebrew" for Religious Schools, Bar/Bat Mitzvah Preparation,
and for anyone who would like to read printed Hebrew, but not learn the
handwritten alphabet. If you would like to learn to read and write in Hebrew,
please see my other book, "Read, Write, Recite Hebrew."

2.21

Read Hebrew!
Published by Hebrew Basics
© 2019 Michelle Geft
Monte Nido, CA
All rights reserved
Manufactured in the United States of America
ISBN: 978-0-9991405-3-6

This book has audio/visual companions that can be found at:
www.HebrewBasics.com

Note to educators:
Please contact me directly for discounted, bulk orders.

A Note From The Author

I hope you find this workbook to be an easy and engaging way to learn how to read and write Hebrew. I have been teaching for over a decade and yet to find a workbook that is written in a manner I find to be the most successful for my target student. I found myself making my own work sheets or modifying workbooks that are already in existence. This workbook is written to learn quickly and efficiently while leaving you with a strong foundation and understanding of the *Aleph Bet* (the Hebrew alphabet). This workbook is geared to the student who wants to learn the Hebrew alphabet and how to read in the Modern Hebrew dialect. This workbook does not teach handwriting (*K'tav*), conversation or grammar.

Throughout this workbook you will find the logo , please visit the "videos+" page at www.HebrewBasics.com to find audio/video clips to help clarify information. Thank you for purchasing this workbook, I do hope it exceeds your expectations.

Michelle

Here is the QR code that will take you to

the Video+ page at HebrewBasics.com:

Create the site as an app icon on your phone, so you can access it with the touch of your finger:
For iPhone, when the site is up, "share" the web site and choose "add to home screen."
For Android, when the site is up, tap on the "menu" button and "add to home screen."

** Please read before starting this workbook. **

Important note about pronunciation:

There is a sound in the Hebrew language that is not found in the English language. It is sometimes written as Ch, H, and in some prayer books, it looks like ḥ (an Ḥ or ḥ, notice the dot underneath the h). PLEASE note that the "ch" sound, like in the name Charlie, <u>does not exist</u> in the Hebrew language. So the words you may know like challah or Chanukah, are not the CH as in Charlie, but a sound unique to the Hebrew language. The closest sound that may explain this is the "ch" sound in *Bach*, as in *Johann Sebastian Bach*, the German composer.   In this book, I use an "<u>H</u>" (notice the underline underneath the H) to symbolize this sound. But please note in other texts you will see "Ch" more often. I am taking a different direction so the students of this book do not pronounce the letter ח as *Chet* but as *<u>H</u>et*. If you see a Hebrew word with a Ch in it, please pronounce it with a strong, if possible guttoral 'H' sound, <u>never</u> an English 'ch' sound.

 Please visit the "video+" page at www.HebrewBasics.com for an audio/video companion to the <u>H</u> pronunciation.

All my best and good luck with your studies,

Michelle

CONTENTS

The *Aleph Bet* , The Hebrew Alphabet: (Read chart from right to left.)

Value	Sound	Written	Printed	Name
1	silent	א	א	*Aleph*
2	B	בּ	בּ	*Bet*
2	V	ב	ב	*Vet*
3	G	ג	ג	*Gimmel*
4	D	ד	ד	*Dalet*
5	H	ה	ה	*Hay (Heh)*
6	V	ו	ו	*Vav*
7	Z	ז	ז	*Zayin*
8	<u>H</u>	ח	ח	*<u>H</u>et*
9	T	ט	ט	*Tet*
10	Y	י	י	*Yud (Yod)*
20	K	כּ	כּ	*Kaf*
20	<u>H</u>	כ	כ	*<u>H</u>af*
20	<u>H</u>/K	ך	ך	*<u>H</u>af Sofit*
30	L	ל	ל	*La'med*
40	M	מ	מ	*Mem*
40	M	ם	ם	*Mem Sofit*
50	N	נ	נ	*Noon*
50	N	ן	ן	*Noon Sofit*
60	S	ס	ס	*Sameh*
70	silent	ע	ע	*Ayin*
80	P	פּ	פּ	*Pay (Peh)*
80	F	פ	פ	*Fay (Feh)*
80	F	ף	ף	*Fay Sofit*
90	Tz	צ	צ	*Tzadi*
90	Tz	ץ	ץ	*Tzadi Sofit*
100	K	ק	ק	*Koof (Kof)*
200	R	ר	ר	*Resh*
300	Sh	שׁ	שׁ	*Shin*
300	S	שׂ	שׂ	*Sin*
400	T	ת	ת	*Tav*

This is the letter *ALEPH*.
It is the first letter in the *Aleph Bet*.
Aleph is a silent letter and represents the number one.

א א א א א

Practice writing *Aleph*:

The printed letters are found on typewriters and keyboards and are seen in newspapers, books, magazines, prayer books and scriptures. They are used on anything that is printed for the masses.

אבגדהוזחטיכלמנסעפצקרשת

The handwritten letters are found anywhere that a person writes. So letters between people, notes taken, handwritten documents will all be written in the handwritten letters, or the "script" letters. This book will not teach the written aleph-bet.

אבגדהוזחטיכלמנסעפצקרשת

name: *Aleph*
sound: silent
number: one

Find and circle all 18 *Alephs*:

א	ק	כ	א	ה	נ	בּ	א
ת	ב	ז	מ	א	נ	א	ו
א	ט	ה	ג	פ	ד	ס	א
ש	א	ז	צ	ב	א	מ	נ
מ	פ	א	י	ר	שׁ	א	ל
צ	א	ק	ל	ח	א	ב	ע
א	שׂ	מ	א	ר	נ	א	פ
ט	א	ק	פ	צ	ת	ח	א

Vowel introduction:

The vowel system in Hebrew are markings under, sometimes above or beside the letters. The vowels are guides for beginner readers on how to read the words correctly and used in literature and scriptures to clarify words and avoid mispronunciations. We read Hebrew from right to left.

Here are your first vowels:

The Kamatz - ָ & The Patah - ַ

These vowels say "A" as in Aqua. (Not as in apple.)

אַ אָ

ah ah

The *Patah* and the *Kamatz* are found at the bottom of the letter and is read in conjunction with the sound of the letter. We will practice this in upcoming pages.

There is also a *Hataf Patah*, it looks like this: ֲ / אֲ. It also says "a" as in aqua.

This is the letter (family) *BET & VET.*
It is the second letter in the *Aleph Bet.*
Bet says "b" as in boy,
Vet says "v" as in van.
Bet and *Vet* represent the number two.

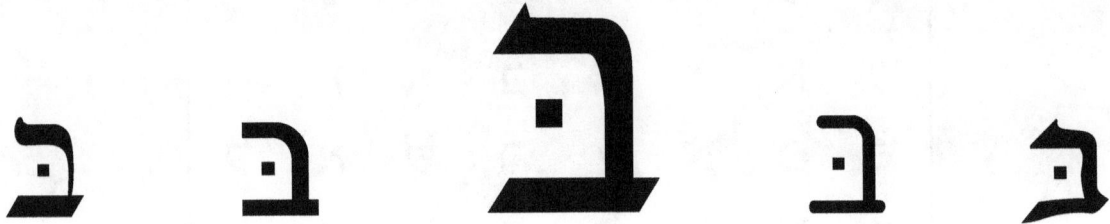

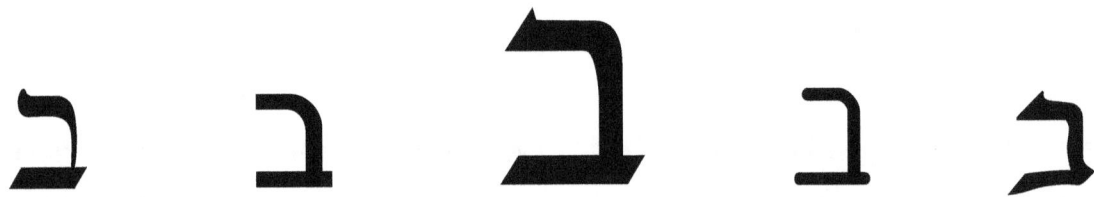

בּ בּ בּ בּ בּ

ב ב ב ב ב

The *Bet* and *Vet* are the same letter with two different pronunciations.
The dot (*dagesh*) in the letter changes it's sound.
It will always have a *dagesh* at the beginning of the word (בּ),
it will never have a *dagesh* at the end of a word (ב),
and in the middle could be either depending on the circumstance.

Practice writing *Bet and Vet*:

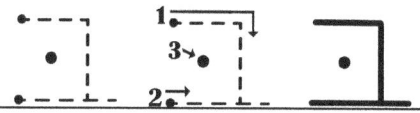

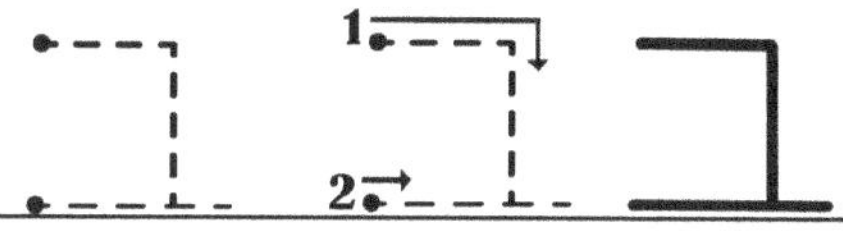

Read from right to left:

All mixed up: What letter am I?

א ב בּ א א ב בּ א ב ←

Practice reading Hebrew :

אָ בַּ בָ בֶּ בַ אַ בָּא אָב בַּב ←

bav av ba a va ba va ba a

****

The dot you see in the letter *Bet is called a "dagesh,"* you will see them in future letters too. There are two types of *dagesh, dagesh kal* and *dagesh <u>h</u>azak.* The *dagesh* in the *Bet* is what changes the sound of the letter from "v" to "b."

Please visit www.HebrewBasics.com for audio/video companion to the *dagesh* and the letter families in the *Aleph Bet.* You can also see pages 96 and 97 for more information.

name: *Bet / Vet*
sound: 'b' /'v'
number: two

This is the letter *GIMMEL*.
It is the third letter in the *Aleph Bet*.
Gimmel says "g" as in *girl* and represents the number three.

ג ג ג ג ג ג

Practice writing *Gimmel*:

_____

_____

*** גָ גְ ***

Here are a few Hebrew words for you to read:

back - גַב*	coming - בָּא
dad - אַבָּא	roof - גַג

Note: When the *Aleph* is at the end of the word, it is silent.

*The *Gimmel* will always have a *dagesh* (dot) if it is at the beginning of a word, and sometimes in the middle of the word. In Modern Hebrew, the *dagesh* does <u>not</u> change the sound of the *Gimmel*.

name: *Gimmel*
sound: 'g'
number: three

Find and circle all 18 *Gimmels*:

פ	ג	ב	א	ה	ג	בּ	א
ג	בּ	ז	מ	א	נ	א	ג
א	ט	ה	ג	פ	ד	ב	א
ג	א	ז	צ	ג	א	ג	נ
ב	פ	ג	י	ר	ג	א	ב
ג	א	ק	ג	ח	ד	בּ	ג
א	ג	מ	א	ג	נ	א	ב
ג	א	בּ	ג	צ	ת	ח	ג

How many *Bets* can you find? _______
How many *Vets* can you find? _______

****

Practice reading Hebrew :

אָ גַ בָ בַּ גָ אֱ אַג

בַּג אַג אַבָּא גַג בָּא גַב

REVIEW

Reading from right to left, say the name of each letter.
Recite repeatedly until you can say them all by heart:

א בּ/ב ג

←

Practice writing each letter in print,
say each letter as you write it:

______________________________ א

______________________________ ב

______________________________ ג

****

Match the correct Hebrew letters and vowels with their correct names:

Aleph	ג
Ah (sound)	בּ
Vet	ַ
Ah (sound)	א
Gimmel	ב
Bet	ָ

Match the correct Hebrew word to the English sound that is similar:
Remember the "a" in Hebrew sounds like the "a" in aqua, not apple.

ba	אַבָּא
aba	גַּג
gag	גַּב
gav	בָּא

****

Read these "nonsense" words, read slowly: (Notice the different font.)

בָּב גָּא בַג אָב אֲגָא בָּבַא גָּאַב

←

****

Find the way from Aleph to Gimmel:

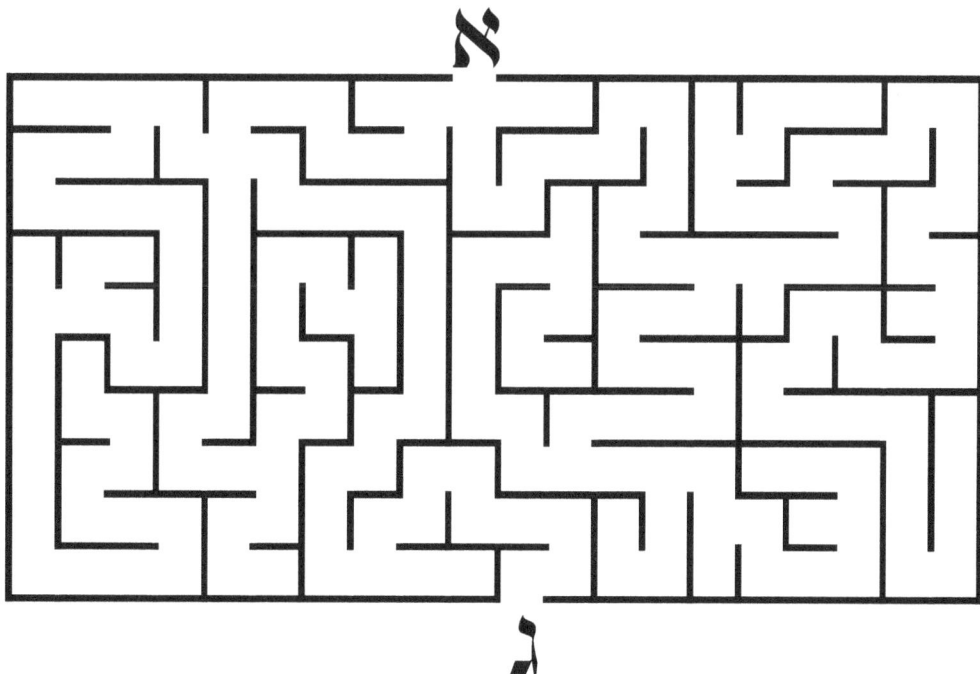

א
ג

This is the letter *DALET*.

It is the fourth letter in the *Aleph Bet*.

Dalet says "d" as in *doll* and represents the number four.

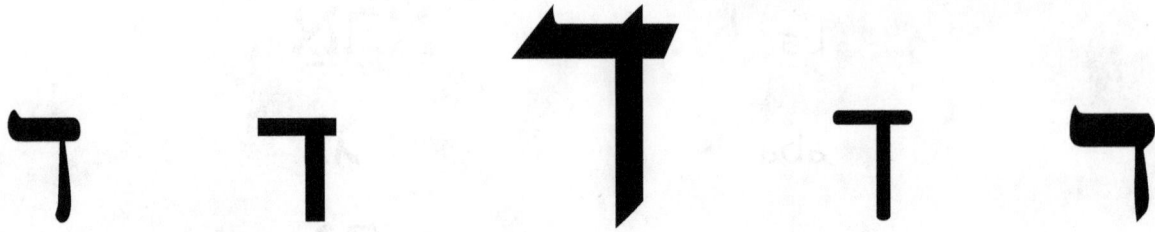

ד ד ד ד ד

Practice writing *Dalet*:

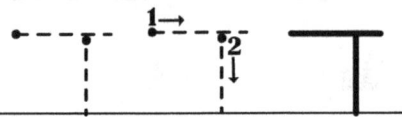

*** דַ דָ ***

Here are a few Hebrew words for you to read:

worried,cared - דָּאַג*	lonely - בָּדָד
material, cloth - בַּד	fish - דַּג

*The *Dalet* will always have a *dagesh* (dot) if it is at the beginning of a word, and sometimes in the middle of the word. In Modern Hebrew, it does <u>not</u> change the sound of the *Dalet*.

name: *Dalet*

sound: 'd'

number: four

Find and circle all 18 *Dalets*:

בּ	ג	ד	א	ה	ג	בּ	ד
ג	ד	ב	בּ	ד	בּ	א	ו
ד	ט	ה	ג	ג	ד	בּ	א
ב	ד	בּ	א	ד	א	מ	נ
ד	בּ	ד	י	א	בּ	א	ד
בּ	ד	ק	ל	ח	ד	ב	א
ד	א	ד	בּ	ג	בּ	ד	בּ
א	ד	בּ	ג	ב	ד	ח	א

How many *Alephs* can you find? _______
How many *Gimmels* can you find? _______

****

Read from right to left:
All mixed up: What letter am I?

א ג ד ד בּ ג ב ג ג א בּ גדבאבּ

****

Practice reading Hebrew (some are nonsense words for practice) :

אָ אֲ אָד אַב בָּ בַּ בַּג בָּד

גָ גָ גַּד גַּב דָ דַ דַּג דָּא

This is the letter *HAY*.
It is the fifth letter in the *Aleph Bet*.
Hay says "h" as in hat and represents the number five.

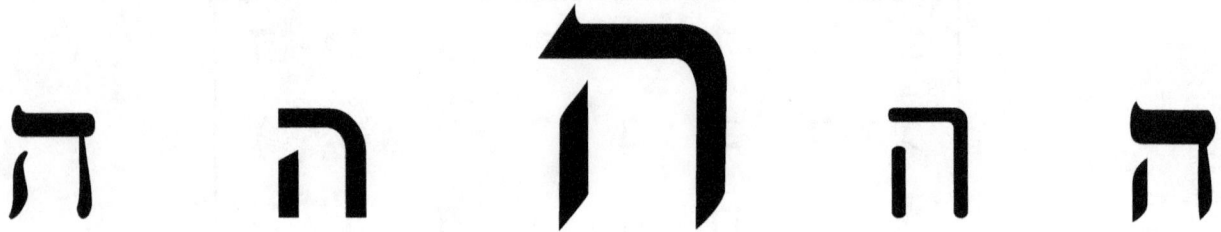

ה ה ה ה ה

Practice writing *Hay:*

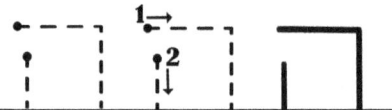

*** הָ הַ ***

Here are a few Hebrew words for you to read:

let us - הָבָה	telling - הַגָדָה
love - אַהֲבָה	the* - הַ... / הָ...

*The letter *Hay* (with a *kamatz* or *pata<u>h</u>*) added to the beginning of the word says "the": The word אַבָּא means "dad", the word הָאַבָּא means "the dad."
"The" is not a stand-alone word in Hebrew.
Also note that the letter *Hay* at the end of the word is silent.

name: *Hay*
sound: 'h'
number: five

Find and circle all 18 *Hays*:

ב	ה	ד	א	ה	נ	בּ	ד
ד	בּ	ה	מ	א	נ	א	ה
א	ט	ה	ה	פ	ב	ה	א
ה	א	ב	ג	ה	א	מ	בּ
ד	פ	א	ה	ד	ב	א	ה
ב	א	ה	בּ	ח	ה	ב	ע
ה	ב	מ	ה	ב	ד	ה	פ
ג	ה	ק	פ	צ	ה	ב	ו

How many *Bets* can you find? ______
How many *Alephs* can you find? ______

****

Match the name of the letter with the Hebrew letter:

Dalet	ב
Aleph	ג
Gimmel	ה
Bet	ד
Vet	בּ
Hay	א

YOUR FIRST HEBREW WORD SEARCH!

ב	פ	א	ת	שׁ	שׁ	ק	א	בּ	ד
ג	ד	ח	ל	ג	י	ג	מ	נ	בּ
ז	צ	מ	בּ	כ	ה	ב	א	ז	ד
ט	ב	ג	ח	ש	מ	בּ	א	נ	ה
ח	ל	ה	ג	א	ד	ד	בּ	ו	א
י	פ	ס	ג	כּ	א	ש	ד	ה	ג
ל	ד	מ	בּ	ב	ו	כ	צ	נ	ה
א	בּ	א	ד	ה	פּ	ק	ב	א	ד

Find these words:

אַב גַּג דַּג בָּא

גַּב דָּאַג דָּאַב אַבָּא

****

Put the following letters in order and print them on the bottom line:

ד	ג	א	ה	בּ/ב
		1		
		א		

Practice until you can recite these letters in order and by heart.

Vowel Introduction:

The Segol - ֶ

The *Segol* says "eh" as in r**<u>e</u>**d.

אֶ   בֶּ   בֶ   גֶ   דֶ   הֶ

heh   deh   geh   veh   beh   eh

****

The Tzeireh - ֵ

The *Tzeireh* also says "eh" as in r**<u>e</u>**d.

אֵ   בֵּ   בֵ   גֵ   דֵ   הֵ

heh   deh   geh   veh   beh   eh

The *Segol* and *Tzeireh* are very close in sound as you see above, but the *Tzeireh* has a slight "y" sound at the end that is hard to detect, almost like the "ey" sound in the word "grey." For the purposes of this book, read the *Segol* and the *Tzeireh* with the same sound.

There is also a <u>H</u>*ataf Segol*, it looks like this: ֱ / אֱ. It also says "eh" as in r<u>e</u>d.

Practice reading:

בֶּ   אֵ   בֶ   דֵ   גֶ   הֱ

דָ   גַ   הֲ   אֱ   בָ   גֵ

דֶּב   גֵד   הַב   אֵה   בֶּג   גֵב

This is the letter *VAV*.
It is the sixth letter in the *Aleph Bet*.
Vav says "v" as in van and represents the number six.

ו ו ו ו ו

Practice writing *Vav*:

*** וָ וַ וֶ וֵ ***

Here are a few Hebrew words for you to read:

pride - גַאֲוָה	hook - וָו
certain - וַדָּאָה	sick, unwell - דָּוֶה

(Later we will learn that the letter *Vav* sometimes acts as a vowel.)

name: *Vav*
sound: 'v'
number: six

Find and circle all 18 *Vavs*:

ג	ד	ו	א	ה	נ	ו	ד
ו	בּ	ה	מ	ו	נ	ג	ו
א	ו	ה	ה	ד	ו	ה	א
ה	א	ו	ג	ה	א	בּ	ו
ו	ד	א	ו	ד	ג	ו	ה
בּ	ג	ה	בּ	ו	ן	ב	ג
ה	שׁ	ו	ג	ג	ד	ו	בּ
ו	ה	ג	פ	צ	ו	ד	ט

How many *Dalets* can you find? ______
How many *Bets* can you find? ______

****

Match the correct Hebrew letters and vowels with their correct names:

Aleph	ה
Segol (eh)	ו
Vav	א
Patah (ah)	ד
Tzeireh (eh)	ג
Kamatz (ah)	בּ
Hay	◌ַ
Gimmel	◌ֶ
Dalet	◌ֵ
Bet	◌ָ

Match the Hebrew to the English word that sounds similar.
Read the Hebrew words out loud to hear the similarities.

Bug	אֶג
Hug	בַּג
Bed	אָב
Beg	בֵּג
Egg	הַג
Of	בֶּד

****

Recite the first six letters, practice until you can do it by heart.

א בּ ג ד ה ו

****

These letters sound the same:

Name the letters: ______ ב ______ ו

Read the text below, remember to read from right to left.

בָ וַ בַ וֶ וַ בֵ בָ וֵ

Circle five *Vets* and cross out five *Vavs* :

ג	ו	בּ	א	ב
ב	ג	ה	ד	ו
בּ	ד	ו	ב	ה
ו	ב	ד	בּ	ה
ה	בּ	ב	ו	ג

Reminder: The letter בּ has a *dagesh* (dot) and says "b,"

the letter ב does not have a *dagesh* and says "v."

****

Put the following letters in order, then write them in print:

ה	א	ו	ד	ג	בּ
	1				
	א				

(The letter ב can be omitted in the letter order because it is a version of בּ.)

****

Practice reading (notice the different fonts):

1. גַּבָּה הָבָה דַּאַג בָּדָד בָּדָה

2. אָבֵד דֶּבֶב אֶגֶד בֶּגֶד גֵּאֶה

3. אֵבֶה אֲגָדָה אַהֲבָה גַּאֲוָה

This is the letter *ZAYIN*.

It is the seventh letter in the *Aleph Bet*.

Zayin says "z" as in zip and represents the number seven.

ז ז ז ז ז

Practice writing *Zayin*:

*** זֵ זֶ זַ זָ ***

Here are a few Hebrew words for you to read:

move - זָז	this - זֶה
gold - זָהָב	flow - זָב

name: *Zayin*
sound: 'z'
number: seven

Find and circle all 18 *Zayins*:

בּ	ז	ו	א	ה	ז	ו	ד
ו	בּ	ג	ז	ו	נ	ז	ו
א	ז	ה	ה	פ	ז	ה	א
ה	א	ו	ז	ה	א	מ	ז
ו	פ	ז	ו	ד	ז	ו	ה
ז	א	ה	בּ	ז	ן	ב	ע
ה	שׁ	ז	ה	ג	ד	ז	פ
ז	ה	ז	פ	ז	ה	ד	ז

How many *Hays* can you find? ______

How many *Vavs* can you find? _______

****

Look alike letters:

ו ז

What letters are these? _________ &_________

What difference can you find?

____

____

Practice seeing the difference between the *Vav* and *Zayin*:
Circle the letters that sound like the letter to the right.

ו	ז	ז	ז	ו	ו	ז	ז	ו	ז	Z
ו	ז	ו	ז	ז	ז	ו	ז	ו	ו	V

****

Match the sounds with the letters:

d'	ג
z'	ז
g'	א
(no sound)	ו
h'	בּ
v'	ד
b'	ה

****

Match the vowels with their sounds:

eh	ֲ / ַ
ah	ָ
eh	ֵ
ah	ֱ / ֶ

Circle the five Hebrew letters/sounds that match the sounds of the English letters:

H	ה	בּ	ה	א	ד	ה	ה	ג	ה	ז
B	בּ	בּ	ב	בּ	ג	א	בּ	ד	ב	בּ
V	ג	ב	ו	ג	ו	ז	ב	בּ	א	ו
G	ז	ג	ז	ג	ו	ג	ז	ג	ב	ג
Z	ז	ב	ז	ז	ו	ז	ב	ז	א	ו
dah	דָ	בֶּ	בָ	דָ	דֶ	אֵ	דַ	דַ	בָ	דַ
veh	וֵ	בֶ	וַ	גֶ	וֵ	זֶ	בֵ	בַּ	אָ	וֶ
bah	בָּ	בַּ	בַ	בָּ	גַ	אַ	בַּ	דַ	בָ	בָּ
zeh	זָ	זֶ	וָ	זֵ	וֶ	זֶ	בֵ	זֶ	זֵ	וַ
gah	גֶ	גֵ	בֶ	גָ	גַ	אָ	גָ	דֶ	גָ	גַ
ah	אָ	בַ	אַ	אֱ	וֵ	אֶ	אָ	בָּ	אָ	וָ

This is the letter *HET*.

It is the eighth letter in the *Aleph Bet*.

Het says "h" in Hanukah and represents the number eight.

(It is usually written, Chet - *Het* never says "ch" like Charlie.)

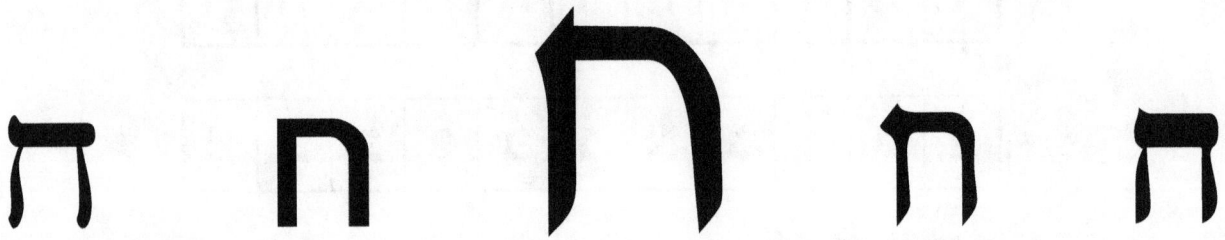

ח ח ח ח ח

Practice writing *Het*:

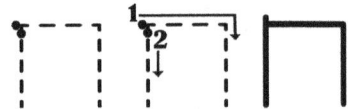

*** חָ חַ חֶ חֵ ***

Here are a few Hebrew words for you to read:

brother - אַח	holiday - חָג
one - אֶחָד	grasshopper - חָגָב

name: *Het*
sound: 'H'
number: eight

Find and circle all 18 *Hets*:

בּ	ח	ו	א	ה	ח	ו	ח
ו	בּ	ה	ז	ו	ד	ח	ו
א	ז	ה	ח	ד	ז	ה	ח
ח	ד	ו	ג	ה	ח	ד	א
ו	ח	א	ח	ד	ז	ח	ה
ז	ח	ה	בּ	ח	ן	ד	ח
ה	שׁ	ז	ח	ג	ד	ז	ח
ד	ח	ז	פ	א	ח	ד	ו

How many *Zayins* can you find? _______

How many *Dalets* can you find? _______

You will see *Het* written as *Chet in many books*. Remember that whether it's written *Chet* or *Het*, the sound is unique and never says CH as in Charlie. I purposefully use the *Het* spelling to emphasize that the CH sound does not exist in Hebrew.

Please visit www.HebrewBasics.com for audio/video companion to the H pronunciation.

****

Match the Hebrew word with the English transliteration:

ZA'VAH	אַבָּא
DA'AV	זָבַח
A'BA	וָזָה
VA'ZA	בֶּגֶד
HA'GAV	דָּאַב
BE'GED	חָגָב

This is the letter *TET*.
It is the ninth letter in the *Aleph Bet*.
Tet says "t" as in tent and represents the number nine.

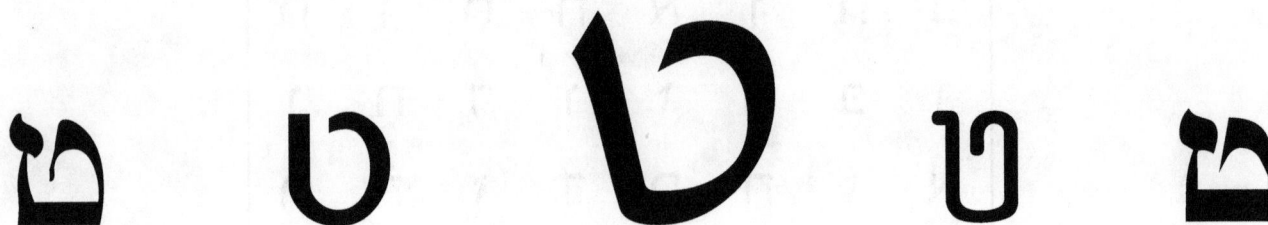

ט ט ט ט ט

Practice writing *Tet*:

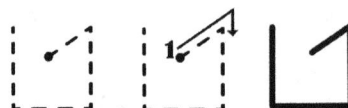

____

____

*** טָ טַ טֶ טֵ ***

Here are a few Hebrew words for you to read:

aspect - הֶבֵּט	sinned - חָטָא
humid - טַחַב	chef - טַבָּח

name: *Tet*
sound: 't'
number: nine

Find and circle all 18 *Tets*:

בּ	ט	ו	א	ה	ז	ט	ד
ו	ג	ה	ט	ו	נ	ז	ו
ז	ט	ה	ה	ט	ז	ט	א
ט	א	ו	ג	ט	א	ג	ט
ט	ג	א	ו	ד	ט	ו	ה
ז	ט	ה	ט	ז	ג	ט	ע
ה	שׁ	ז	ט	ג	ד	ז	ט
ו	ט	א	פ	ז	ט	ד	ג

How many *Alephs* can you find? _______
How many *Gimmels* can you find? _______

****

Vowel Introduction:

The Heerik - ִ

The *Heerik* says "ee" as in gr**ee**n.

טִ	חִ	זִ	וִ	הִ	דִ	גִ	בִ	בִּ	אִ
tee	hee	zee	vee	hee	dee	gee	vee	bee	ee

Practice reading:

אִ חִ הִ דִ בִ זִ בִּ טִ וִ גִ

דִּבָּה גִּבָּה חִוָּה וִדֵּא זִהָה

This is the letter *YUD*.
It is the tenth letter in the *Aleph Bet*.
Yud says "y" as in yes and represents the number ten.

י י י י י

Practice writing *Yud*:

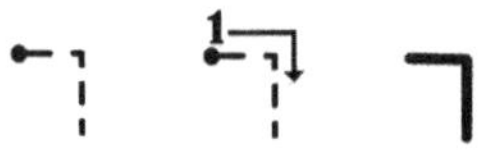

*** יָ יַ יֶ יֵ יִ ***

Here are a few Hebrew words for you to read:

hand - יַד	alone - יָחִיד*
spring (the season) - אָבִיב	together - יַחַד

* The letter *Yud* is silent when it comes after the <u>H</u>eerik vowel.

name: *Yud*
sound: 'y'
number: ten

Find and circle all 18 *Yuds*:

בּ	י	ו	א	ה	י	ו	ד
ו	בּ	י	ז	ו	נ	ז	י
י	ז	ה	י	פ	י	ה	א
ה	י	ו	י	ה	א	מ	י
ו	פ	א	ו	ד	ז	י	ה
י	א	ה	י	ז	ו	ב	ע
ה	י	ז	ה	ג	ד	י	פ
י	ה	ז	פ	י	ז	ד	י

How many *Vavs* can you find? ______
How many *Zayins* can you find? ______

****

Put the following letters in order, write in print, then write the name of the letter:

ד	ח	ו	ט	ג	י	א	ה	ז	בּ
						1			
						א			
						alef			

Circle the five Hebrew letters that match the sounds of the English letters:

ז	ב	ב	א	ו	ד	ו	ה	ב	א	V
ז	ז	ד	ז	א	ו	ז	ב	בּ	ז	Z
ו	י	ן	ו	י	ו	י	י	ב	י	Y
ה	ח	ח	ה	ו	ח	א	ח	ה	ח	H
ג	בּ	ג	ב	ג	ה	ז	א	ג	ג	G

****

Practice reading:

1. בִּ דִ וִ חִ טִ בִ גִ אִ זִ הִ יִ וָ זֶ חֲ

2. טִי בַּי זִי חַי אֵי יֵי דָּי וֵי הִי

3. בַּי בֵּ דֶ גִי הֲ טָ זַ אֱ הַ גִ

4. אִב גָי גַּב הִו הֲט בֶּט חַג

5. הָיָה יָאַב יִגָּה יָדִיד טִיחָה גִיד

6. טִיב הֵיטֵב אֲבָהִי אָדִיב אֱהִי

7. אִדַּדִּי דָּגִיג הֲבָאִי הַחֲיָאָה הֲזָיָה

ט	ח	ה	ז	א	ג	ד	א	בּ	א
בּ	ו	א	ד	ד	י	ט	ב	ב	ג
ד	ו	ח	בּ	א	ז	ט	י	ו	ה
א	ה	ד	א	ט	ח	ו	ב	ה	ז
ג	ט	ד	י	ז	ה	ח	בּ	א	ג
ג	ח	ג	בּ	א	ד	ט	י	ט	בּ
ד	א	בּ	י	ט	ג	ו	ה	ח	א
ט	ד	ו	ח	ד	ח	א	בּ	ד	ה
א	י	ה	בּ	ז	י	ב	א	בּ	ג
ד	ו	ה	ב	ה	א	ז	ח	ט	י

READ AND FIND THESE WORDS:

אָבִיב   זָהָב   יַד   אַח   זֶה

וָו   אַהֲבָה   אֶחָד   חָג   הִיא

אַבָּא   גַג

Congratulations!

You know the first ten letters of the *Aleph Bet* & six of the vowels!

Let's review...

Name all the letters:

א בּ ג ד ה ו ז ח ט י

Can you recite them by heart and in order? Practice until you can.

****

Read the letters with the vowels:

אִ חֶ דָ יֶ וֵ בָּ בִ טַ הֵ זֶ גִ אָ

****

Read from right to left: What letter am I?

ג ה ז א ט בּ ח ו י ב ד

****

Dot to Dot....Follow the order of the Aleph Bet:

א.

ה.

ד..ו .י .ז.   ט.

ג.   בּ.

ח.

Vowel Introduction:

The letter *Vav* (ו) is sometimes used as part of a vowel, like in the <u>h</u>*olam*:

The <u>H</u>olam - ֹ / וֹ

The <u>H</u>olam says "o" as in **<u>o</u>range.**

It is written in two ways:

אֹ בֹּ בֹ גֹ דֹ הֹ וֹ

vo ho do go vo bo o

אוֹ בּוֹ בוֹ גוֹ דוֹ הוֹ ווֹ

vo ho do go vo bo o

The *Vav* in this case is silent and is used to carry the vowel.
If the letter before the *Vav* does not have it's own vowel, the *Vav* acts as it's vowel.

There is also a <u>*H*</u>*ataf Kamatz*, it looks like this: ֳ / אֳ. It says "o" as in <u>o</u>range.

NOTE: This is a <u>*H*</u>*ataf* with a "*Kamatz Katan.*" The *Kamatz Katan* is infrequently found and although it looks like the regular *Kamatz*, it does <u>not</u> sound the same as a regular *Kamatz.* You will learn more about the *Kamatz Katan* when you continue your studies.

Please visit www.HebrewBasics.com for audio/video companion to the Double Duty Letter, Vav.

****

Practice reading:

אוֹ בּוֹ בוֹ גוֹ דוֹ הוֹ

זֹ חֹ טֹ יֹ בֹּ גֹ וֹ אֳ הֳ

בּוֹא דּוֹד חוֹב דּוֹב טוֹב חוֹד

דּוֹחֶה הוֹדִי דּוֹדָה דּוֹאֵג בּוֹגֵד

This is the letter (family) *KAF/HAF/SOFIT*.
It is the eleventh letter in the *Aleph Bet*.
Kaf says "k" as in kit, *Haf* (like the *Het*) says "ch" as in Chanukah.
Each member of the *Kaf* family represents the number twenty.

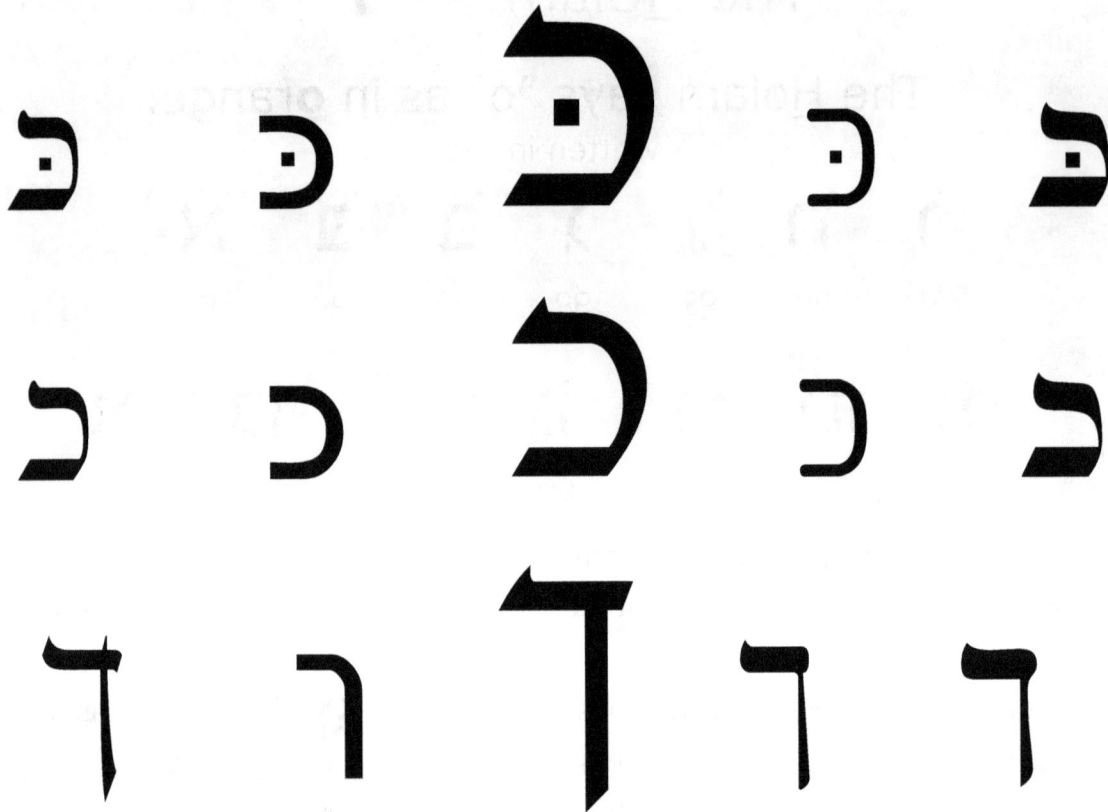

כּ כּ כּ כּ כּ

כ כ כ כ כ

ך ך ך ך ך

The *Kaf* and *Haf* are the same letter with two different pronunciations. Like the Bet (בּ) and Vet (ב), the dagesh (*dot*) in the letter changes it's sound.It will always have a *dagesh* at the beginning of the word (כּ), sometimes in the middle of the word (כּ, כ) and at the end of the word it will use the *Haf sofit* (ך). The *Haf sofit* (ך) will never (except in the Bible and some literature) take a dagesh.

Practice writing *Kaf*, *Haf* and *Haf sofit*:

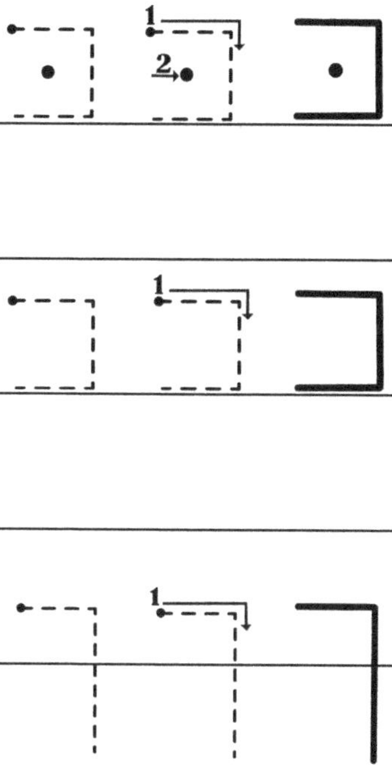

*** כָּ כַּ כֶּ כֵּ כִּ כּוֹ כֹּ *** כָ כַ כֶ כֵ כִ כוֹ כֹ ***

Here are a few Hebrew words for you to read:

so - כָּךְ*	because - כִּי
star - כּוֹכָב	respect - כָּבוֹד

*Notice the two dots in the *Haf Sofit*, this is the *Shva*, we will learn about the *Shva* later. The *Shva* you see above is silent. It is always silent when it is at the end of a word. Although the *Shva* here is silent, you still say the sound of the letter. So, כָּךְ says *Kah*.

Practice reading:

כַּד כָּאַב כָּבֵד כָּבָה כֹּה כָּהָה כּוֹאֵב

name: *Kaf* /*Haf* / *Haf Sofit*
sound: 'k' / 'h'
number: twenty

אבּגדהוזחטיכּלמנסעפצקרשת

Find and circle all 18 letters from the *Kaf* family:

בּ	י	כּ	א	ה	כ	ו	ד
ו	כ	י	ב	ו	כּ	ז	י
ך	ב	כּ	י	ך	ב	כ	א
ה	י	כ	י	ה	א	מ	כּ
ו	כּ	א	ו	ד	ך	י	ה
י	א	ה	י	ז	כּ	ב	ע
ה	ב	ו	ך	ג	ד	י	ך
ך	כ	ב	ו	י	ו	כּ	י

How many *Vet*s can you find? ________

How many *Vav*s can you find?________

Sof in Hebrew means "end". There are five letters represented with a special character when they come at the end of the word. *Haf Sofit* is the first letter in the *Aleph Bet* where an "end letter" or "final letter" is represented. In Hebrew, the specific final letter is called *sofit*. (See page 96.)

Later you will learn *Mem Sofit, Nun Sofit, Fay Sofit and Tzadi Sofit*.

Please visit www.HebrewBasics.com for audio/video companion to the *Sofits*.

Draw the vowels:

Kamatz (ah):______ *Pata h(ah):______* *Tzeireh (eh):______*

Segol(eh):______ *Holam (oh):_____ /_____* *Heerik (ee):______*

The name of the vowel hints at the sound the vowel makes.

See below for look-alike letters, make a note of how you can tell the difference between them:

ב / כ

What letter are these? _____/_____
What is the difference between them?

_____

_____

Note that the _Haf_ כ and _Vet_ ב will have the same similarity.

****

ד / ך

What letters are these? _____ &_____
What is the difference between them?

_____

_____

Don't forget we had letters earlier that look alike: the _Vav_ (ו) and the _Zayin_ (ז).

****

These letters sound the same:

Name the letters: _____ כ _____ ח

These letters say a sound that is not found in the English language but the closest sound is the "ch" sound from the german name Bach. Reminder: The "ch" sound found in the word Charlie, does not exist in the Hebrew language. We learned this earlier with the letter _Het_.

Please visit www.HebrewBasics.com for audio/video companion to the h sound.

Don't forget we had letters earlier that sound the same: the _Vav_ (ו) and the _Vet_ (ב).

This is the letter *LAMED*.
It is the twelfth letter in the *Aleph Bet*.
Lamed says "l" as in love and represents the number thirty.

ל ל ל ל ל

Practice writing *Lamed*:

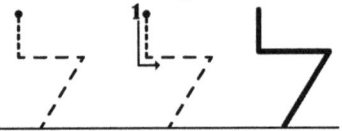

(Lamed is pronounced La' med)

לָ לַ לֶ לֵ לִ לוֹ לֹ

Here are a few Hebrew words for you to read:

for you (f.s.) - לָךְ*	heart - לֵב
Lilac* - לִילָךְ*	no - לֹא

*Remember: The *Shva* (two dots) in the H̲*af sofit* are silent.
Simply say the "h̲" sound.

name: *Lamed*
sound: 'l'
number: thirty

Find and circle all 18 *Lameds*:

בּ	י	ל	ח	ה	ל	ו	ד
ו	ז	י	ל	ו	ח	ט	י
י	ל	ה	י	ח	י	ל	א
ט	י	ו	ל	ה	א	ח	ל
ו	ל	א	ב	ל	ל	י	ה
ל	ח	ל	י	ז	ד	ל	ט
ד	ל	ח	ל	ג	ל	ב	פ
ל	ט	ז	ח	י	ז	ל	י

How many *Yuds* can you find? ________

How many *H̲ets* can you find?________

****

Practice reading:

לֹא לוֹ לֵב לִי לַח לָךְ

לִיגָה גִּלָּה לִילָךְ לִכֵּד

דֶּגֶל הֵחֵל לֶהָבָה

Practice reading: (Notice the different fonts.)

1. כַ דּ אָ בָּ וֶ הֵ גַ זֶ טֵ חַ דַ

2. בַּו בָּב גַּד זֶט דֵּה לוֹ טֶךְ כַּי

3. כִּחֵד יָדֶיךָ לֶבֶד כָּכָה כָּלַל יָד

4. כָּחוֹל טוֹבָה לִבָּה כֶּלֶב לָהִיב

5. גָּלֵל לַהַט כָּלָה בָּזַז לִבֵּב

6. לָאַט בֶּטַח אֶגוֹ לַהַב אָבַד לֶהָבָה

7. טַבָא כִּיחָה אוֹגֵד גִבֵּב הֵאֵט וָדִי

****

Put the letters in order, then on the bottom row write them in handwriting:

ג	ד	י	ז	ו	כּ	א	ח	בּ	ה	ל	ט
						1					

You are more than half way through the Aleph Bet!
Take a break from reading and writing.

FIND THE WAY FROM ALEPH TO LAMED:

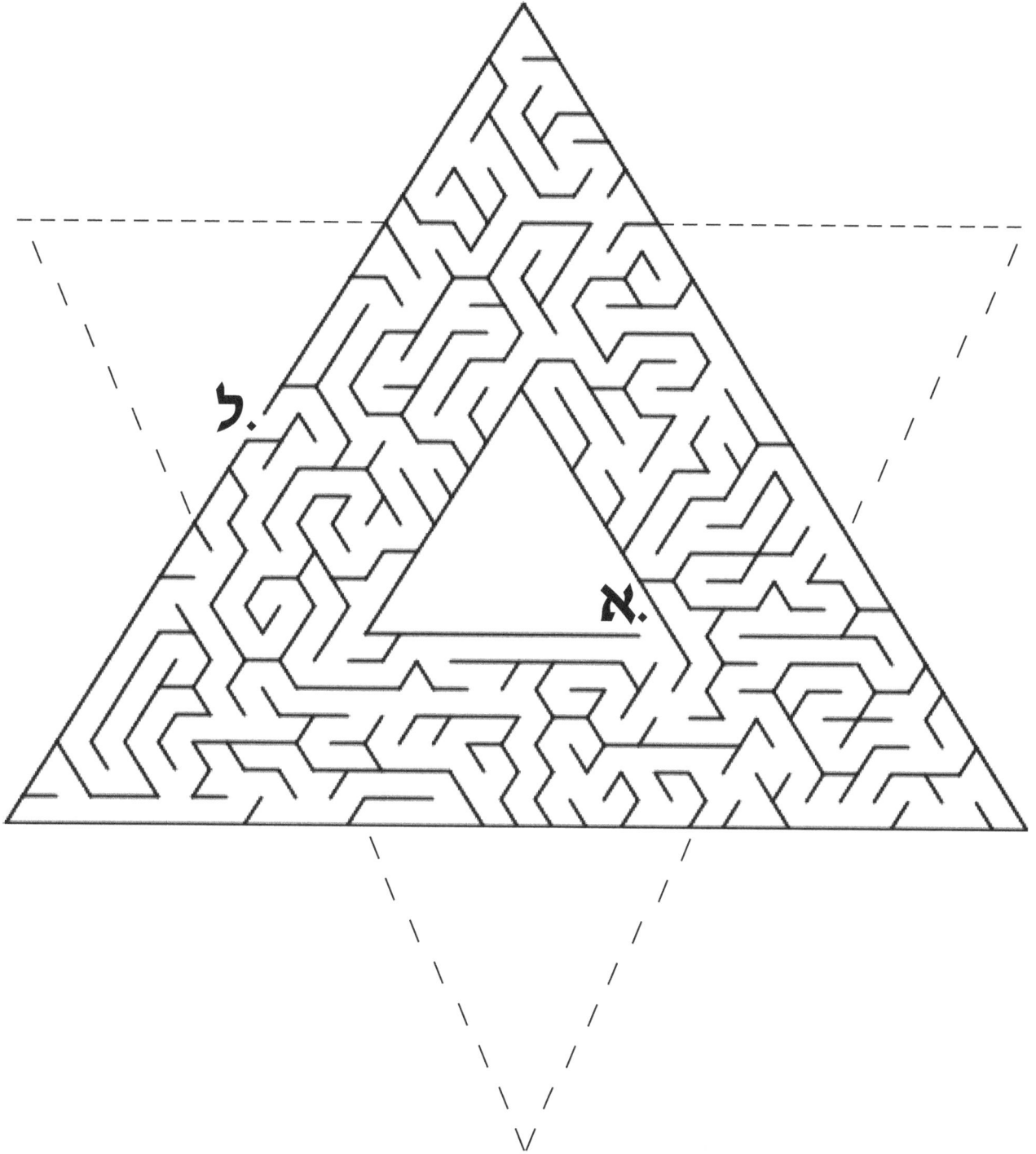

This is the letter *MEM / MEM SOFIT.*
It is the thirteenth letter in the *Aleph Bet.*
Mem says "m" as in mom and represents the number forty.

מ מ מ מ מ

ם ם ם ם ם

name: *Mem / Mem Sofit*
sound: 'm'
number: forty

א ב ג ד ה ו ז ח ט י כ ל מ נ ס ע פ צ ק ר ש ת

Practice writing *Mem* and *Mem sofit*.

מ מ מ

ם ם ם

*** מָ מַ מֶ מֵ מִ מוֹ מֹ ***

Here are a few Hebrew words for you to read:

king - מֶלֶךְ	word - מִלָה
thankful - מוֹדֶה	hundred - מֵאָה

****

Practice reading:

מָה מַד מִי מִדַי מוֹט

גַם הֵם חַם יוֹם אָדוֹם

מַבָּט מִדָה מוֹחִי מוֹהֵל

מוֹדֶה מֵאָה מָחַל אָדָם

Find and circle all 18 letters from the *Mem* family:

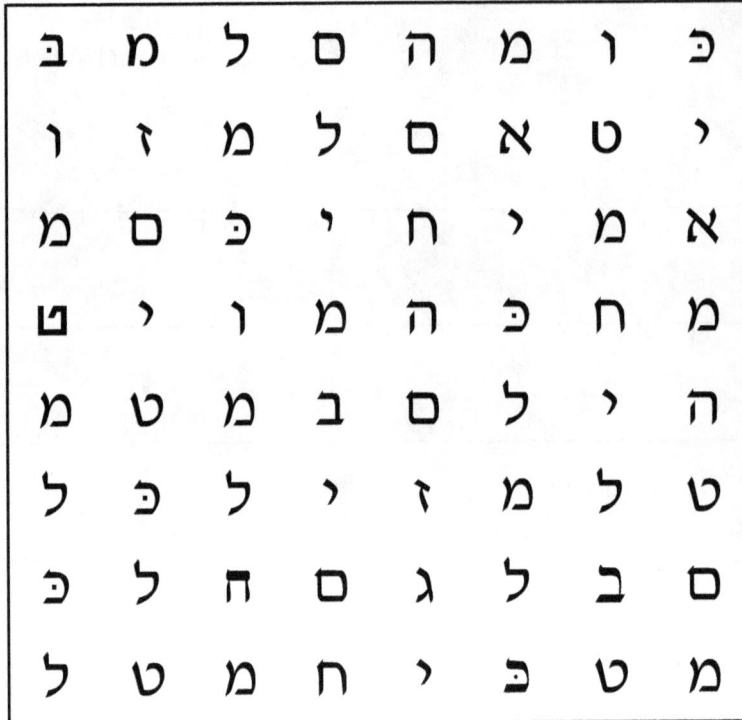

בּ	מ	ל	ס	ה	מ	ו	כּ
ו	ז	מ	ל	ס	א	ט	י
מ	ס	כּ	י	ח	י	מ	א
ט	י	ו	מ	ה	כּ	ח	מ
מ	ט	מ	ב	ס	ל	י	ה
ל	כּ	ל	י	ז	מ	ל	ט
כּ	ל	ח	ס	ג	ל	ב	ס
ל	ט	מ	ח	י	כּ	ט	מ

How many *Tets* can you find? ________

How many *Kafs* can you find?________

****

Review:

Practice reciting the *Aleph Bet* so far:

א בּ ג ד ה ו ז ח ט י כּ ל מ

Practice until you can recite it by heart.

Which two letters from above have a "*sofit*" ending?

Write the letter and it's *sofit* ____ ,____ & ____ ,____

Please visit www.HebrewBasics.com for audio/video companion to the *sofits*.

See below for look-alike letters:

ט / מ

What letters are these? ______/______
What is the difference between them?

____

____

Notice: Tet has a tear on top, Mem is at the bottom.
****

In each row, circle the two nonsense words that sound the same as the nonsense word in bold:

כַּח	וַח	דָכ	דַךְ	דָט	**דַח**
וִו	זִב	בִּו	וִב	זִו	**בִו**
טֶבֶמ	מֶט	לֵם	מֵח	טֵום	**טֵבֶם**
וָבַּה	בַךְ	כָּכָה	בָכַא	בַּכָא	**וָחָה**
אוֹכָּא	הֹכָּה	חוֹכַּא	הוֹבָּה	כוֹכַּה	**חֹכָּה**
אֱלַא	אֹזַא	אוֹלַד	אֶלָה	הוֹלָה	**אֵלָא**
גוֹזִה	יַגִי	גוֹזִי	זוֹגִי	גִזַי	**גֹזִי**

This is the letter *NOON / NOON SOFIT.*
It is the fourteenth letter in the *Aleph Bet.*
Nun says "n" as in nice and represents the number fifty.

נ נ נ נ נ

ן ן ן ן ן

* *Noon* is sometimes written as "Nun." *

name: *Noon / Noon Sofit*
sound: 'n'
number: fifty

Practice writing *Noon* and *Noon sofit*:

נ נ נ

ן ן ן

נָ נַ נֶ נֵ נִ נוֹ נֹ

Here are a few Hebrew words for you to read:

born - נוֹלָד	nice - נָאֶה
prophet - נָבִיא	yes - כֵּן

Practice reading:

דָּן דַּיָּן אֶבֶן אָדוֹן גָּאוֹן

יוֹנָה יַיִן הֵנָּה הֵן וִילוֹן

חוֹנֵן חָנָה טֶנֶא הוֹן

כֵּן לָהֶן מָנָה נִבָּא

Find and circle all 18 letters from the *Noon* family:

נ	מ	ל	ג	ה	ן	ו	נ
ו	נ	ג	ל	ן	מ	נ	י
מ	ס	כּ	ו	ג	י	מ	א
ט	ן	ו	מ	ה	כּ	ט	נ
מ	ל	נ	ב	מ	ן	י	ן
נ	ג	ל	י	ן	מ	ג	ט
נ	ל	ח	נ	ג	ל	ב	נ
ג	ן	ו	ח	י	נ	ט	מ

How many *Vavs* can you find? ________

How many *Gimmels* can you find?________

****

See below for look-alike letters:

ג / נ

What letters are these? ________ /________

What is the difference between them?

____

____

Write them in print: ____ ____

ן / ו / ז / י

What letters are these? ________ /________ / ________ / ________

What is the difference between them?

____

____

____

____

Write them in print: ____ ____ ____ ____

****

Practice telling the letters apart and reading:

וָזָה וִיזָה יָיִן

זִיו יָוָן גּוֹזֵז יֵוִן

יוֹנָה גּוֹנֵן יוֹזֵם גָּנַז

נֵאוֹן גִּנָה נוֹי

נוֹל נִזוֹן נַילוֹן

Circle the five Hebrew letters that match the sounds of the English letters:

מ	ט	מ	ט	ט	ד	ט	ה	מ	ט	T
ט	ז	ט	מ	א	מ	ס	ט	ס	מ	M
ה	ט	בּ	ב	ז	ו	ג	ו	ב	ב	V
ד	ך	כּ	ה	ח	ד	ך	ח	ה	כ	<u>H</u>
ל	ט	י	כ	ל	ל	ב	ל	א	ל	L
ג	ג	כּ	ג	נ	ד	ג	ח	ג	נ	G

****

Practice reading:

1. מַטֶה טָמֵא מָנָה מִטָּה מָטוֹל

2. גֹּלֶם כָּבוֹד גָדוֹל הֵיכָל גִּימֶל

3. כּוֹלֵל כֶּלֶב מֵאָז נָאֶה לִבָּא

4. לָבֶטַח הַזָּלָה הוֹדָאָה לֶגָטוֹ

5. לָבִיד כּוֹאֵב חֲמָם אֵיזֶה גַּן

Vowel Introduction:

The Kubootz - ֻ

The Kubootz says “oo” as in bl**<u>ue</u>**.

אֻ בֻּ בֻ גֻ דֻ הֻ

hoo doo goo voo boo oo

****

The Shurook - וּ

The Shurook says “oo” as in bl**<u>ue</u>**.

ווּ זוּ טוּ נוּ לוּ מוּ

moo loo noo too zoo voo

Note:

The Shurook, like the <u>H</u>*olam* (וֹ) that we learned earlier, uses the letter *Vav*.

****

Practice reading:

נֻ כֻ גֻ אֻלַי כֻּלוֹ כֻּבַּד

בּוּל דוּד יוּלִי בּוּבָּה

יִחוּדִי גִדוּל מוּזָל חוּם

טוּבָּה אָחוּז יִבּוּב דוּבִּי

This is the letter *SAME<u>H</u>*.

It is the fifteenth letter in the *Aleph Bet*.

Same<u>h</u> says "s" as in sun and represents the number sixty.

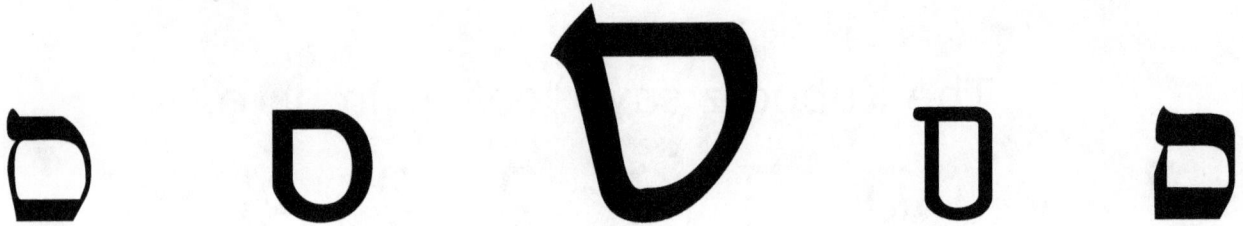

ס ס ס ס ס

Practice writing *Same<u>h</u>*:

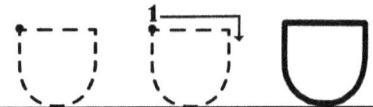

*** סָ סַ סֶ סֵ סִ סוֹ סֹ סוּ סֻ ***

Here are a few Hebrew words for you to read:

dense - סָמִיךְ	soap - סַבּוֹן
sign, symbol - סִימָן	secret - סוֹד

name: *Same<u>h</u>*
sound: 's'
number: sixty

Find and circle all 18 *Sameh̲s*:

בּ	ס	ו	ס	ל	י	ס	ד
ס	בּ	י	ז	ו	נ	ס	בּ
י	ם	ה	בּ	ס	י	ל	ס
ל	י	ס	ח	ה	א	ם	י
ו	ס	א	ו	ד	ל	י	ה
ם	א	ה	י	ז	ו	ל	ס
בּ	י	א	ם	ל	ס	י	א
י	ס	ז	ל	ס	ז	בּ	ס

How many *Lameds* can you find? _________

How many *Bets* can you find?_________

****

See below for look-alike letters:

ם / ס

What letters are these? ________ /________

What is the difference between them?

____

____

Note: The *Sameh̲* will never be completely square as the *Mem Sofit* will usually be.

Review:

Practice reciting the *Aleph Bet* so far:

אבּגדהוזחטיכּלמנס

Practice until you can recite it by heart.

****

Practice seeing the difference between the *Mem Sofit* and *Sameh*:
Circle the letters that sound like the letter to the right.

ס	ם	ם	ס	ם	ס	ם	ס	ס	ם	m
ם	ס	ם	ס	ס	ם	ס	ס	ם	ס	s

****

Practice reading:

Take note of *Sameh* and *Mem Sofit*:
If it's not at the end of the word it can only be a *Sameh*.
If it's at the end of the word it will usually be a *Mem Sofit*,

דָּם חַם נֵס יָם בָּם

אֵם אִם אָסָם אָסוֹן מִיסָה

בַּס סַמָּן אָדָם כּוֹס טָס גַּן

Read these words:

חָזוֹן אֶחָד בִּגּוּד הוּנַס טִכֵּס

חַם חָלַם גָּם מָיִם אָדָם

Write the words from above:

Find the words you wrote:

ח	מ	א	ע	א	ג	ד	א	בּ	א
ז	ו	ד	ד	ה	ל	י	ח	ז	ג
ו	ו	ס	י	מ	ז	א	ד	ו	ה
ן	ד	ו	ג	ב	ח	ד	ב	ה	מ
י	ט	ד	ו	ף	ה	ס	ח	א	ל
ם	ח	ס	ד	א	ד	ט	י	ט	מ
ד	א	בּ	י	ס	נ	ו	ה	ח	ד
ם	ג	ט	ף	ן	א	ו	ב	י	ה
א	י	כּ	בּ	ם	י	ב	א	בּ	ג
ד	ו	ס	ב	ה	א	ז	ם	ל	ח

This is the letter *AYIN*.
It is the sixteenth letter in the *Aleph Bet*.
Ayin is a silent letter and represents the number seventy.

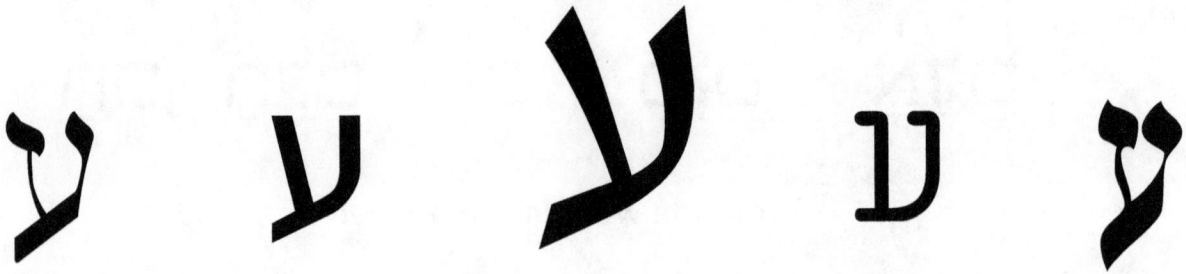

ע ע ע ע ע

Practice writing *Ayin*:

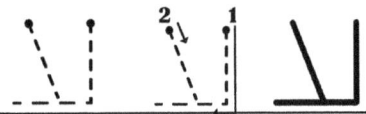

*** עָ עַ עֶ עֵ עִ עוֹ עֹ עוּ עֻ ***

Here are a few Hebrew words for you to read:

world - עוֹלָם	pen - עֵט
gentle - עָדִין	cake - עוּגָה

name: *Ayin*
sound: silent
number: seventy

Find and circle all 18 *Ayins*:

ע	י	ו	א	ע	י	ס	ע
ו	בּ	ס	ע	ו	ע	ז	י
י	ז	ע	י	פ	י	ה	א
ע	י	ו	י	ם	א	ע	ע
ו	ע	ס	ו	ד	ע	י	ה
י	א	ה	י	ז	ם	ב	ע
ע	י	ז	ע	ס	ע	י	פ
ס	ע	ם	ע	י	ז	ע	ס

How many *Samehs* can you find? ________
How many *Yuds* can you find?________

****

Practice reading:

עַם עֶבֶד עִגּוּל עֵדֶן עוֹלָם עוֹנֶג כַּעַס

עָלוֹן עִלִי עַמֵּךְ עוּגָה עָבָה עִדּוּד

****

Draw the vowels:

*Kamatz (ah):*______ *Patah (ah):*______ *Tzeireh (eh):*______
*Segol (eh):*______ *Shurook (oo):*_______ *Kubootz (oo):*______
*Holam(oh):*_____ /_____ *Heerik (ee):*______

Both of these letters have no sound:

ע / א

What letters are these? ________ /________

They are both silent letters (although the *Ayin* has more of a guttural sound). They are both silent when at the end of a word and use the simple sound of the vowel with which it is paired.

****

Practice reading (notice the different fonts):

1. עִם אִם עַם אֵם עָב אָב
2. אַבָּא עִבָּה עִבֵּד אִבֵּד אַגַּב
3. דַּע עֵד עַל אֶל עַז אָז
4. מֵבָּע נֶכֶד לֶחֶם לָחוּךְ מֵבִין
5. מָגֵן עִנּוּי נָכוֹן מֵאָה לָהֶן נָסָב
6. נָסוּךְ עָמִיד נָעִים סָבִיב נָסִיג
7. נַעֲלֶה סַבָּךְ נִסָּיוֹן נֶעֱלָב מַחֲנֶה
8. מֶזֶה עָמוּס חֲנָמַל מַחֲבוֹאָה

The *Shva* looks like a vowel,
but is not technically a vowel.

The Shva

׃

The *Shva* says "i" as in **i**ndigo, but
sometimes the *Shva* is silent.

זְ	וְ	דְ	גְ	בְ	בְּ
zih	vih	dih	gih	vih	bih

There are many rules for the *Shva*, but for the simpler purposes of this
workbook, here is an overview:

• Think of the *Shva* as an ending or beginning of a syllable. For example:
If you see the *Shva* at the beginning of a word, or beginning of a syllable, you
pronounce it as "i" (*Shva Na* or Mobile Shva). If it's at the end of a syllable, or at
the end of a word you don't pronounce it (*Shva Nah* or Resting Shva).
• The guttural letters (א, ה, ח, ע) never receive a *Shva Na* and rarely receive a
Shva Nah. The א never receives either one. This is the reason you see the *hataf*
vowels only under the guttural letters. For example: אֲ, הֲ, חֱ, עֲ.
• The *Shva Na*, Mobile Shva, is considered a half-sound and the *Shva Nah*,
Resting Shva, is considered a zero-sound.

gi'lee' da - גְּלִידָה
bi'hee' nam - בְּחִנָּם
ayh (not *ayh'i*) - אֵיךְ
la'mad' nu (not *la' ma' di' nu*) - לָמַדְנוּ
av' dih'hem (not *a' vi' di' hem*) - עַבְדְּכֶם

This is the letter (family) *PAY/FAY/FAY SOFIT*.
It is the seventeenth letter in the *Aleph Bet*.
Pay says "p" as in pie, *Fay* says "f" as in fall.
Each member of the *Pay* family represents the number eighty.

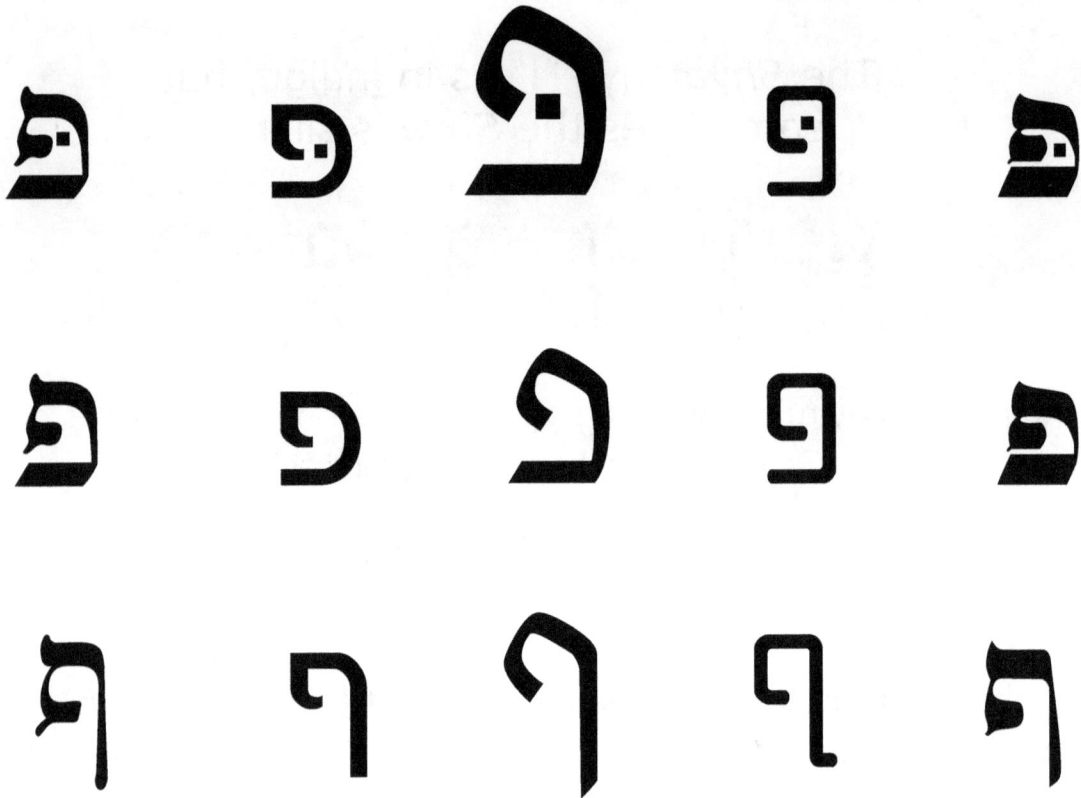

פּ פּ פּ פּ פּ

פ פ פ פ פ

ף ף ף ף ף

The *Pay* and *Fay* are the same letter with two different pronunciations.
The dot (*dagesh*) in the letter changes it's sound.
It will always have a *dagesh* at the beginning of the word(פּ),
at the end of a word it will use the *Fay sofit* (ף),
and in the middle could be either (פּ, פ) depending on the circumstance.

Practice writing *Pay*, *Fay* and *Fay sofit:*

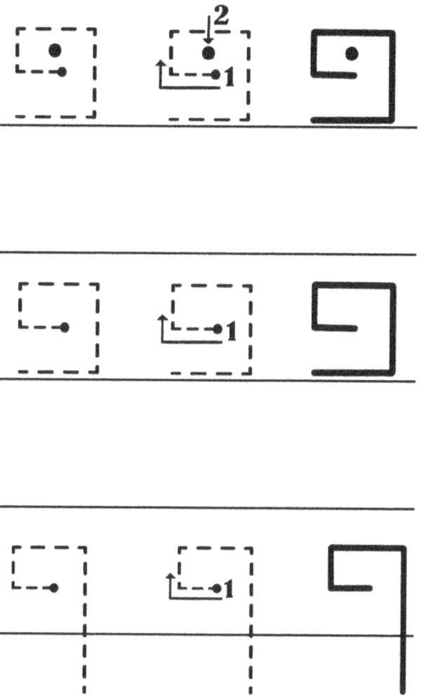

*** פָּ פַּ פֶּ פֵּ פִּ פּוֹ פֹּ פּוּ פֻּ פְּ ***

*** פָ פַ פֶ פֵ פִ פוֹ פֹ פוּ פֻ פְ ***

Here are a few Hebrew words for you to read:

face - פָּנִים	mouth - פֶּה
beautiful - יָפֶה	elephant - פִּיל

name: *Pay / Fay / Fay Sofit*
sound: 'p'/'f'
number: eighty

Find and circle all 18 Letters from the *Pay family*:

ב	י	כ	ף	ה	י	ח	פ
ס	ח	ף	מ	כ	כ	פ	י
י	ף	ל	י	פ	י	כ	א
כ	י	ו	פ	ח	ע	מ	פ
כ	פ	ע	ו	פ	ז	י	ה
פ	כ	ף	י	ז	פ	ח	ע
ס	י	ז	פ	ג	כ	י	פ
ף	ח	ז	פ	ל	ז	ד	ף

How many *<u>H</u>ets* can you find? _________
How many *<u>H</u>afs* can you find?_________

****

Read words with the *Pay, Fay* and *Fay Sofit*:

1. פַּעַם פְּסִיגָה פַּסְיוֹן פָּנָס פְּנִינָה
2. פִּנָּה פְּלִיג פֶּלֶג פַּד פִּיף עוֹף
3. מְלֻפָּף חָלַף לְפִיכָךְ עָף חִפּוּף
4. סוֹף מְדַפֵּי מְפוּלָּג אַף גֶּפֶן דָּלַף
5. יוֹפִי פֵּאָה פְּגַם פּוּל נוֹפֵף

Find these words from the previous page:

מְלֻפָּף חָלַף לְפִיכָךְ עָף חִפּוּף

סוֹף מְדַפֵּי מְפוּלָג אַף גֶּפֶן דָּלַף

ח	מ	א	ף	א	ג	ד	ג	ב	ס
ז	ן	ד	ד	ה	פ	י	פ	ז	ו
ל	ף	פ	ל	מ	ז	א	ן	ו	ף
פ	מ	ו	ג	ב	ח	ד	ב	ה	מ
י	פ	ד	מ	ף	ל	ח	ח	א	ל
כ	ו	ס	ד	א	ד	ט	י	ט	פ
ך	ל	ב	י	פ	ד	מ	ד	ח	ן
ג	ג	ט	ע	ר	א	ל	ל	י	ה
א	י	ז	ף	ו	פ	ח	ף	ב	ג
ד	ו	ס	ב	ה	א	ז	ם	ל	ח

****

Review:

Practice reciting the *Aleph Bet* so far:

אבּגדהוזחטיכּלמנסעפּ

Practice until you can recite it by heart.

This is the letter *TZADI / TZADI SOFIT.*
It is the eighteenth letter in the *Aleph Bet.*
Tzadi says "tz" as in ritz.
The *Tzadi* represents the number ninety.

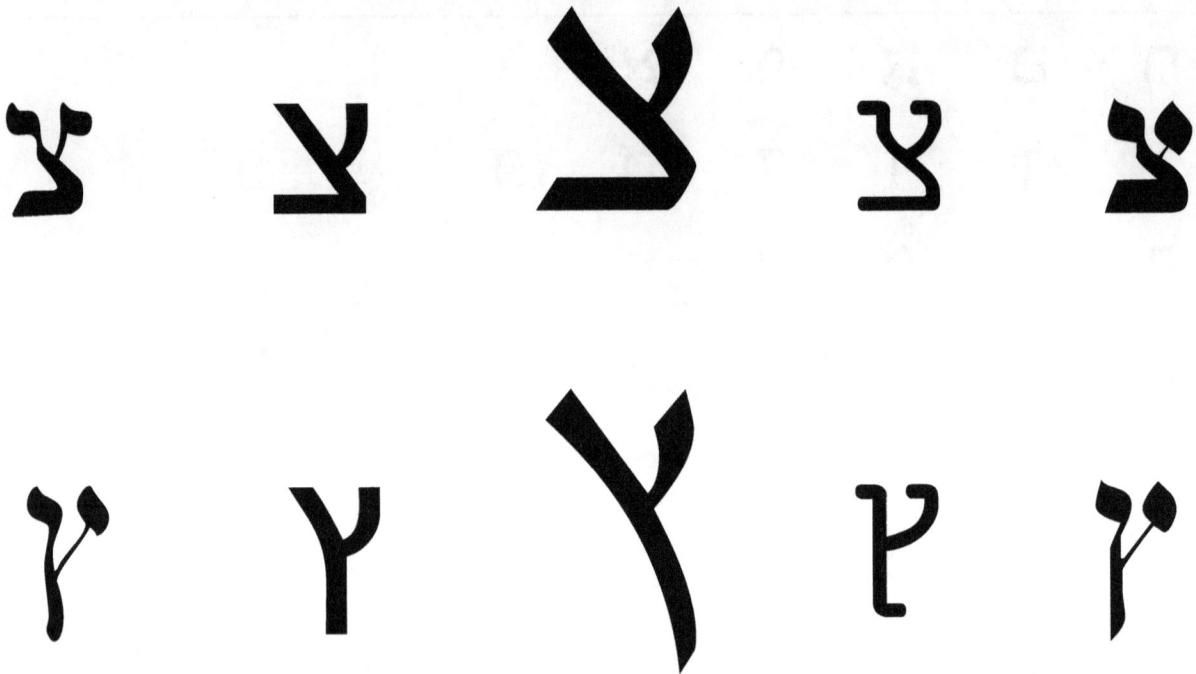

צ צ צ צ צ

ץ ץ ץ ץ ץ

name: *Tzadi / Tzadi Sofit*
sound: 'tz'
number: ninety

Practice writing *Tzadi and Tzadi sofit*:

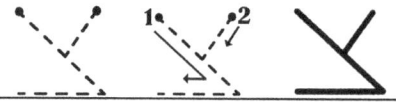

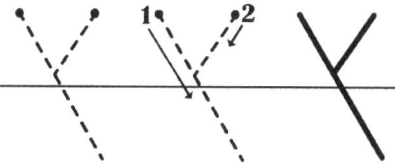

*** צָ צַ צֶ צֵ צִ צוֹ צֹ צוּ צֻ צְ ***

Here are a few Hebrew words for you to read:

side - צַד	army - צָבָא
tree - עֵץ	crowded - צָפוּף

See below for look-alike letters:

צ / ע

What letters are these? ________ /________

What is the difference between them?

____

____

Find and circle all 18 Letters in the *Tzadi* family:

ע	י	צ	א	צ	י	ו	צ
ץ	בּ	י	צ	ו	ץ	ז	י
י	ז	ע	י	פ	י	ה	א
צ	י	צ	א	ה	א	מ	ץ
ו	ץ	א	צ	ד	צ	י	ה
י	א	ה	י	ז	ן	ב	ע
צ	י	ע	ץ	ג	ד	ץ	א
י	צ	ז	פּ	י	צ	ע	צ

How many *Ayins* can you find? _________

How many *Alephs* can you find?_________

****

Practice reading:

צִיב צְלוּם צֵא צָבוּעַ בַּחוּץ בֵּיצָה

צָף צָפוֹן צָעַד פּוֹחֵד מַפָּץ פֹּה מִיץ

צִפְצֵף אֵלֶה עֵץ צָלִי צָפַן

****

Practice seeing the difference between the *Tzadi* and *Ayin*:
Circle the five letters that sound like the letters to the right.
(Remember the sound-alike letters we learned.)

ע	צ	ע	צ	ע	צ	ע	ע	צ	צ	Tz
ט	א	צ	א	ע	צ	צ	א	צ	ע	Silent

Read these words then put them in alphabetical order:
For example:

לַהַט 2 סַבָּא 4 כֶּלֶב 1 נֶסַח 3

1. עֲנָבִים_ פִּלְפֵּל_ עַגְבָנִיָּה_ מְלָפְפוֹן_
2. כְּנִיסָה_ מַזְלֵג_ לְטָאָה_ כְּלוּם_
3. כְּחוֹל_ הַיּוֹם_ חוֹלֶה_ כַּף_
4. פְּעָמִים_ עָיֵף_ נָעִים_ אֲגוּדָל_
5. בֵּיצָה_ חֶמְאָה_ יָמִין_ אוֹטוֹבּוּס_

After you put the five lines above in alphabetical order,
find each word that was marked "4" above:

ף	כּ	ק	י	ת	א
י	ם	י	מ	ע	פּ
ק	ז	ו	ב	ו	מ
ג	ל	ז	מ	ר	צ
צ	ג	ן	י	מ	י
ה	ל	פּ	ל	פּ	ה

This is the letter *KOOF*.
It is the nineteenth letter in the *Aleph Bet*.
Koof says "k" as in kite and represents the number one hundred.

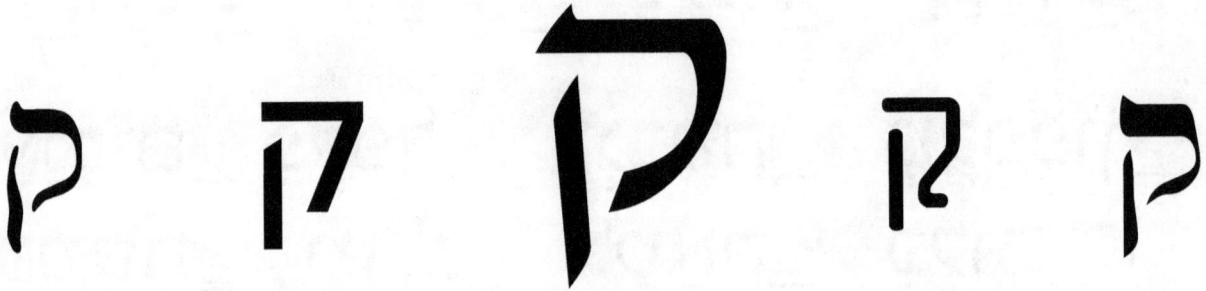

ק ק ק ק ק

Practice writing *Koof*:

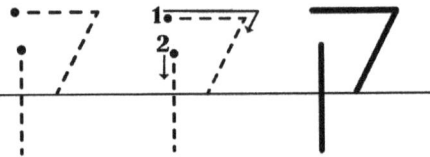

קָ קַ קֶ קֵ קִ קוֹ קֹ קוּ קֻ קְ

Here are a few Hebrew words for you to read:

coffee - קָפֶה	got, received - קִבֵּל
jump - קָפַץ	flour - קֶמַח

name: *Koof (Kof)*
sound: 'k'
number: one hundred

אבּגדהוזחטיכּלמנסעפּצקרשׁת

Find and circle all 18 *Koofs*:

בּ	י	ו	ק	ה	פּ	ו	ק
ו	ק	י	ז	ו	ק	ז	י
ק	ז	א	ק	פּ	ק	ה	א
ה	י	ק	י	ה	א	ק	י
ק	פּ	א	ו	ד	ק	י	ה
י	א	ה	ק	ז	ו	ק	ק
ה	י	ק	ה	ג	ק	י	פּ
ק	ה	ז	פּ	י	ז	ק	י

How many *Pays* can you find? _________
How many *Hays* can you find?_________

****

Here are letters that sound alike:

ק / כּ

What letters are these? ________ /________
They both sound like the letter 'k' as in kite.

****

Practice reading:

קוֹל כְּפָפָה כּוּץ קְפִיצָה כַּעַד כְּהוּנָה קַיִץ

REVIEW:

In each row, circle the two nonsense words that sound the same as the nonsense word in bold on the right:

קַכ	וַח	כַּה	קָךְ	צָט	**כַּח**
אֵץ	צֵץ	אֵצ	אֵע	עֵט	**עֵץ**
וֶן	בוּד	בֶד	וֶךְ	וֶה	**בֶח**
נַגִיו	גַנִב	נָגִב	נָגִן	גָנִו	**נָגִו**
פֹי	פֹו	פוֹן	פוֹו	פוֹן	**פוֹב**
הִמ	חִיס	הִים	הִס	חִם	**הִם**
אוּף	עֶפ	אוּפ	עֹפ	אוֹף	**עוּף**

****

Circle five Hebrew letters that sound similar to the English letters:

ק	בּ	כּ	כ	ק	בּ	כּ	כ	כּ	ט	**K**
ס	ע	א	צ	ע	ד	צ	ע	י	א	Silent
ו	כ	בּ	ב	ז	ו	ג	ו	בּ	ב	**V**
נ	ן	י	ו	ן	נ	ג	ו	נ	ג	**N**

****

Recite the *Aleph Bet* so far:

א בּ ג ד ה ו ז ח ט י כּ ל מ נ ס ע פּ צ ק

Practice until you can recite it by heart.

Practice reading this Hebrew sentence:

"מִלִים אֵלֶה הֵן מִדַּפֵּי הַלִּימוּד."

"These words are from the pages we learned."

****

Find the five words from above:

ע	ק	ו	ס	ה	ח	א	ו	ד
ט	ה	ל	א	ו	כּ	בּ	מ	י
צ	ל	ג	י	ה	ב	ג	כ	פּ
מ	י	פּ	ס	נ	א	ד	מ	צ
ט	מ	י	פּ	ד	מ	ך	ל	מ
י	ו	ה	ד	ח	כּ	ו	י	ע
ג	ד	ו	צ	ה	ז	ק	ס	ל
ל	ע	ג	ן	ה	פּ	נ	ס	ט

****

Practice reading:

1. צְדָקָה מִצְוָה הַמּוֹצִיא הַבְדָּלָה הַלֵּל
2. פֶּסַח קִבּוּץ עִפּוּץ קֻפְסָה קַפְטָן
3. צַדִּיק פֶּלֶךְ אֶלֶף חַנְפָּן הַפְּסָקָה

This is the letter *RESH*.
It is the twentieth letter in the *Aleph Bet*.
Resh says "r" as in red and represents the number two hundred.

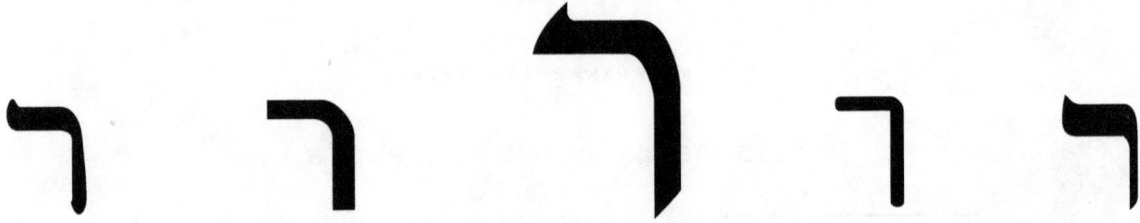

ר ר ר ר ר

Practice writing *Resh*:

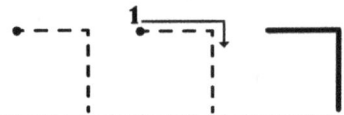

רָ רַ רֶ רֵ רִ רוֹ רֹ רוּ רֻ רְ

Here are a few Hebrew words for you to read:

run - רָץ	wanted - רָצָה
square - רָבוּעַ	moment - רֶגַע

name: *Resh*
sound: 'r'
number: two hundred

אבגדהוזחטיכלמנסעפצקרשת

Find and circle all 18 *Reshes*:

ף	י	ך	ר	ה	י	ו	ר
ו	ר	י	ז	ף	ר	ז	י
ר	ך	ה	י	ר	י	ך	ף
ף	י	ו	ר	ה	ך	ר	י
ו	ר	א	ו	ר	ז	י	ר
ר	א	ר	י	ז	ר	ב	ע
ה	ך	ז	ר	ג	ד	ר	ף
ר	ה	ז	פ	א	ר	ד	י

How many *H̲af Sofits* can you find? _________

How many *Fay Sofits* can you find?_________

****

See below for look-alike letters:

ד / ר

What letters are these? ________ /________

What is the difference between them?

____

****

Circle the five *Reshes*:

ר	ד	ר	ד	ד	ד	ר	ד	ר	ר	ד

This is the letter (family) *SHIN/SIN*.
It is the twenty-first letter in the *Aleph Bet*.
Shin says "sh" as in shell, the *Sin* says "s" as in sand,
they each represent the number three hundred.

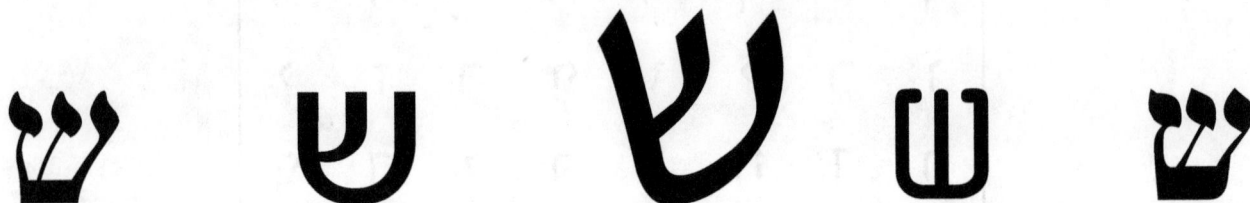

ש ש ש ש ש

Practice writing *Shin/Sin*:

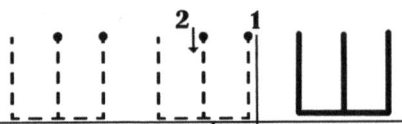

The *Shin* says "sh" as in shell and has a dot on the top right: שׁ
The *Sin* says "s" as in sand and has a dot on the top left: שׂ

*** שָׁ שַׁ שֶׁ שֵׁ שִׁ שׁוֹ שֹׁ שׁוּ שֱׁ שְׁ ***

*** שָׂ שַׂ שֶׂ שֵׂ שִׂ שׂוֹ שֹׂ שׂוּ שֱׂ שְׂ ***

Here are a few Hebrew words for you to read:

name - שֵׁם	Peace, Hi, Bye - שָׁלוֹם
clock, watch - שָׁעוֹן	field - שָׂדֶה

name: *Shin / Sin*
sound: 'sh' / 's'
number: three hundred

Find and circle all 18 *Shins/Sins*:

כּ	שׂ	ק	א	ה	שׁ	ו	שׁ
שׂ	בּ	י	שׁ	כּ	נ	שׁ	י
י	שׁ	ה	י	שׁ	י	ה	ק
ה	י	שׂ	י	ה	שׁ	מ	שׁ
שׂ	ק	א	שׁ	ד	ק	י	ה
י	א	כּ	י	ז	שׁ	ב	שׁ
ק	י	ז	שׁ	שׂ	ד	י	פּ
י	שׁ	ז	כּ	י	ז	ד	כּ

How many *Koofs* can you find? _________
How many *Kafs* can you find?_________

****

Practice seeing the difference between the *Shin* and the *Sin*:

שֵׂ שֶׁ שַׂ שַׁ שָׂ שָׁ שִׂ שִׁ שְׂ שׁוֹ שׂוּ

****

Here are letters that sound alike:

שׂ / ס

What letters are these? ________ /________
They both sound like the letter 's' as in sand.

Practice reading:

שָׁמַיִם סִדּוּר נִשָּׂא סוֹחֵר נָשִׂיא שִׂיחָה

This is the letter *TAV*.

It is the twenty-second letter in the *Aleph Bet*.

Tav says "t" as in true and represents the number four hundred.

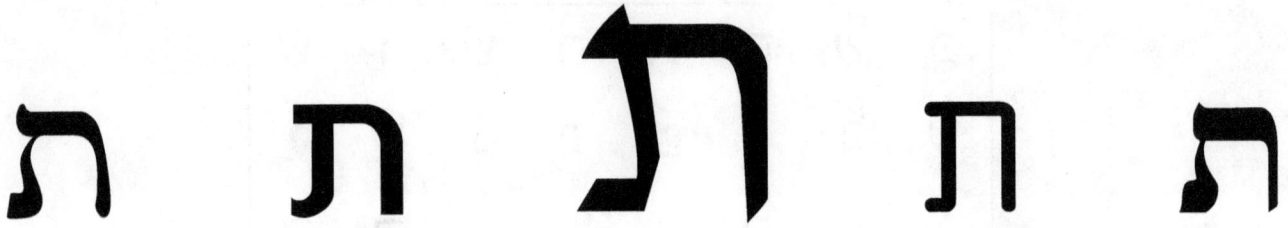

ת ת ת ת ת

The handwritten ת (*Tav*) looks like this:

ת

Practice writing *Tav*:

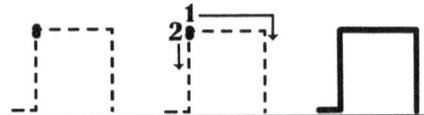

*** תָּ תַּ תֶּ תֵּ תִּ תוֹ תֹּ תוּ תֻּ תְּ ***

Here are a few Hebrew words for you to read:

nine - תֵּשַׁע	tea - תֵּה
Hebrew - עִבְרִית	thanks/thank you - תּוֹדָה

The Tav will always have a *dagesh* (dot) if it is at the beginning of a word, sometimes in the middle and at the end of the word. In Modern Hebrew, the *dagesh* does not change the sound of the *Tav*.

Note: Some Ashkenazi Jews will pronounce the תּ as "t" and the ת as "s."

name: *Tav*
sound: 't'
number: four hundred

אבּגדהוזחטיכּלמנסעפּצקרשׁת

Find and circle all 18 *Tavs*:

בּ	צ	ו	ת	נ	י	תּ	ת
נ	תּ	י	ז	ו	נ	צ	י
צ	ז	ת	י	תּ	י	ה	א
תּ	י	נ	י	ה	א	תּ	ת
ו	פ	ת	צ	תּ	ז	צ	ה
צ	ת	ה	נ	ז	ת	ב	תּ
ת	נ	ז	ת	ג	ד	ת	פ
צ	ה	תּ	פ	י	נ	צ	י

How many *Noons* can you find? ________

How many *Tzadis* can you find? ________

****

Here are letters that sound alike:

ט / ת

What letters are these? _______ /_______

They both sound like the letter 't' as in tent.

Practice reading:

תָּא תּוּת תּוֹמֵךְ תְּהוֹדָה תְּשׁוּבָה

טְרִיוּת טָרַף טָעוּת טַיֶּסֶת טַבַּעַת

REVIEW:

Practice reading:

בָּרוּךְ מֶלֶךְ הָעוֹלָם תִּקְוָה תְּשׁוּבָה

סִדּוּר צִוָּנוּ שָׁלוֹם אַבְרָהָם יִצְחָק יעקֹב

שָׂרָה רִבְקָה רָחֵל לֵאָה צַדִּיק צִיצִית

תּוֹרָה מִצְוָה פָּרְשָׁה בְּרָכָה תְּפִילָה כָּבוֹד

Look up these words and write their meaning:

בָּרוּךְ bless___ מֶלֶךְ ______ הָעוֹלָם ______ תִּקְוָה ________

תְּשׁוּבָה ______ סִדּוּר ______ צִוָּנוּ ______ שָׁלוֹם ________

צַדִּיק ______ צִיצִית ______ תּוֹרָה ______ מִצְוָה ________

פָּרְשָׁה ______ בְּרָכָה ______ תְּפִילָה ______ כָּבוֹד ________

Find the words you looked up:

פ	ה	ו	ק	ת	ת	י	צ	י	צ
ר	ס	ג	מ	י	ה	ב	ו	שׁ	תּ
שׁ	ף	ד	צ	ת	ו	ר	ז	י	ו
ה	ס	ל	ו	ע	ה	ו	ק	ת	ר
ק	ך	ר	ה	ת	א	ד	מ	ס	ה
ד	ד	שׁ	ב	פ	ד	ד	ו	ב	כ
ש	ץ	ל	ה	י	ו	נ	ו	צ	ו
נ	ת	ו	ד	ל	מ	ס	שׁ	א	ן
ו	ה	ס	ל	ה	ת	ק	י	ד	צ
ר	ו	ד	ס	ד	ה	ה	כ	ר	ב

A FEW NOTES ABOUT HEBREW:

Foreign sounds in the Hebrew language:

• For <u>all</u> Hebrew words you read, the *Zayin* says "z" as in zip. The sound "j" as in the French name Jacques does not exist in the Hebrew language, but it has been adapted into the Hebrew language to say foreign words by using the *Zayin* <u>with an apostrophe</u> - like this: 'ז / 'ז. For example: זָ'ק says Jacques.

• For <u>all</u> *Hebrew* words you read, the *Gimmel* says "g" as in go. The sound "j" as in Julie or George does not exist in the Hebrew language, but it has been adapted into the Hebrew language to say foreign words by using the *Gimmel* <u>with an apostrophe</u> - like this: 'ג / 'ג. For example: ג'וּלִי says Julie.

• For <u>all</u> *Hebrew* words you read, the *Tzadi* says "tz" as in ritz. The sound "ch" as in Charlie does not exist in the Hebrew language, but it has been adapted into the Hebrew language to say foreign words by using the *Tzadi* <u>with an apostrophe</u> - like this: 'צ / 'צ. For example: צָ'רְלִי says Charlie.

****

When the *Patah* (_) is at the end of the word, the rule is that you pronounce the vowel first then the consonant. For example the word נֹחַ, you'll read it as No'a<u>h</u>. Say the No' - נֹ and then the vowel ah' _, then the h' for חַ. This is called the *Pata<u>h</u> Ganoov*.

Sa'may' a<u>h</u> – שָׂמֵחַ   No' a<u>h</u> – נֹחַ   No' a' – נֹעַ

Try to read these words:

מַפְתֵּחַ   יוֹדֵעַ   שׁוֹמֵעַ   רוּחַ   אֲבַטִיחַ   גָּבוֹהַּ   מַגְבִּיהַ   כֹּחַ

****

There are words in English that don't exist in Hebrew, so Hebrew "mimics" the English words. Here are a few examples: (Try to find the English words below.)

טְרוֹמְבּוֹן   יוֹדְל   טִיפּ   טְרִיוֹ   טוֹסְט

תֵּה   רַדְיוֹ   קָאוּבּוֹי   פָּזֶל   טֶלֶסְקוֹפּ

cowboy   yodel   toast   tip   puzzle   radio   trombone   trio   telescope   tea

****

The word כָּל, which means "all," is an example of the *Kamatz Katan* (or the small *kamatz*): The word כָּל, although we would think to read it as "Kal" based on what we learned, because it's a *Kamatz Katan*, it is pronounced "Kol." Here are a few more examples of words that have a *Kamatz Katan* :

צָהֳרַיִם*   חָכְמָה   חָפְשִׁי   תָּכְנָה   תָּכְנִית

*When the *Kamatz* comes before a *Hataf Kamatz*, it is a *Kamatz Katan*.

USING THE ALEPH BET AS NUMBERS:

Throughout the workbook we saw that there are numbers associated with each of the letters, for example the letter *Kaf* represents the number twenty.
Here is a review of the numbers each letter represents. Please notice that after the first ten letters, the numbers that are represented are NOT simply the numerical order the letters are in the *Aleph Bet.*

א-1   ב-2   ג-3   ד-4   ה-5   ו-6   ז-7   ח-8   ט-9   י-10

כ-20   ל-30   מ-40   נ-50   ס-60   ע-70   פ-80   צ-90

ק-100   ר-200   ש-300   ת-400

If you want to write the number 21 in Hebrew, you would write:

"כא"

This is used when breaking up the *Tanah* (Bible) into *pasukim* (or parts) and when writing numbers using the Hebrew letters and in *gematra*. Gematria is the study of the numerical values associated with words.

Here are some examples/exercises:

1. First grade is written כִּיתָּה א'
   Second grade is written כִּיתָּה ב'
   How would you write third grade? _____ (Write in handwriting.)

2. The numerical value of חַי (life) is 18.
   You take the (8) ח and add (10) י: 8 + 10 = 18
   Find the numerical value of the word שָׁלוֹם:
   _____ = _____ + _____ + _____ + _____

3. Here is a neat fact about the forefather Avraham:
   Please find the numerical value of אַבְרָהָם.
   _____ = _____ + _____ + _____ + _____ + _____
   There are a total of 613 Mitzvot (commandments from G-d)
   Avraham was the embodiment of all the "to do" / "positive" *mitzvot.*
   How many "to do" mitzvot were there? _____ (Hint: The number you got above that is equal to אַבְרָהָם.)
   How many "not to do" *mitzvot* were there? _____ (Hint: Subtract "The number equal to אַבְרָהָם " from 613.)
   This shows us that everything he did was good. He didn't have to think about what he shouldn't do because he was too busy doing the right thing!

4. What is the numerical value of your *Hebrew* name? _____

Now that you can read, here are some common words for you to learn:

Common words / Phrases:

hello/goodbye/peace	שָׁלוֹם
excuse me/sorry	סְלִיחָה
please/you're welcome	בְּבַקָּשָׁה
thank you	תּוֹדָה
thank you very much	תּוֹדָה רַבָּה
see you later	לְהִתְרָאוֹת
yes	כֵּן
no	לֹא
maybe	אוּלַי
to life! / cheers!	לְחַיִּים
here	פֹּה
there	שָׁם
name / my name	שֵׁם / שְׁמִי
of	שֶׁל
mine	שֶׁלִּי
yours (m.s.)	שֶׁלְּךָ
yours (f.s.)	שֶׁלָּךְ
good	טוֹב / טוֹבָה
Hebrew	עִבְרִית
English	אַנְגְּלִית

Personal Pronouns:

I	אֲנִי
you (m.s.)	אַתָּה
you (f.s.)	אַתְּ
he	הוּא
she	הִיא
we	אֲנַחְנוּ
you (m.p.)	אַתֶּם
you (f.p.)	אַתֶּן
they (m)	הֵם
they (f)	הֵן

Questions:

who	מִי
what	מַה/מָה
where (is)	אֵיפֹה
to where	לְאָן
why	לָמָּה/מַדּוּעַ
when	מָתַי
how much	כַּמָּה
how	אֵיךְ
which	אֵיזֶה/אֵיזוֹ
which (plural)	אֵילוּ

Practice reading prayers and blessings:

Note that יה-ה and י-י is G-d's name and read *"adonai"*. When practicing, some people substitute the word "Hashem" instead of saying G-d's name in vain.

The most important Jewish prayer, The *Sh'ma*:

1. שְׁמַע יִשְׂרָאֵל יה-ה אֱלֹהֵינוּ יה-ה אֶחָד׃
2. בָּרוּךְ שֵׁם כְּבוֹד מַלְכוּתוֹ לְעוֹלָם וָעֶד.
3. וְאָהַבְתָּ אֵת יה-ה אֱלֹהֶיךָ בְּכָל-לְבָבְךָ וּבְכָל-נַפְשְׁךָ וּבְכָל-מְאֹדֶךָ׃
4. וְהָיוּ הַדְּבָרִים הָאֵלֶּה אֲשֶׁר אָנֹכִי מְצַוְּךָ הַיּוֹם עַל-לְבָבֶךָ׃
5. וְשִׁנַּנְתָּם לְבָנֶיךָ וְדִבַּרְתָּ בָּם בְּשִׁבְתְּךָ בְּבֵיתֶךָ וּבְלֶכְתְּךָ בַדֶּרֶךְ וּבְשָׁכְבְּךָ וּבְקוּמֶךָ׃
6. וּקְשַׁרְתָּם לְאוֹת עַל-יָדֶךָ וְהָיוּ לְטֹטָפֹת בֵּין עֵינֶיךָ׃
7. וּכְתַבְתָּם עַל-מְזוּזוֹת בֵּיתֶךָ וּבִשְׁעָרֶיךָ׃

Before reading from the Torah:

8. בָּרְכוּ אֶת י-י הַמְבוֹרָךְ׃
9. בָּרוּךְ י-י הַמְבוֹרָךְ לְעוֹלָם וָעֶד׃ 2X
10. בָּרוּךְ אַתָּה יה-ה אֱלֹהֵינוּ מֶלֶךְ הָעוֹלָם, אֲשֶׁר בָּחַר בָּנוּ מִכָּל הָעַמִּים וְנָתַן לָנוּ אֶת תּוֹרָתוֹ
11. בָּרוּךְ אַתָּה י-י, נוֹתֵן הַתּוֹרָה׃

After reading from the Torah:

12. בָּרוּךְ אַתָּה יה-ה אֱלֹהֵינוּ מֶלֶךְ הָעוֹלָם, אֲשֶׁר נָתַן לָנוּ תּוֹרַת אֱמֶת, וְחַיֵּי עוֹלָם נָטַע בְּתוֹכֵנוּ
13. בָּרוּךְ אַתָּה י-י, נוֹתֵן הַתּוֹרָה׃

Please visit HebrewBasics.com ("videos+" page) to find PDF downloads of more Bar/Bat Mitzvah practice sheets.

Mazel Tov
מַזָּל טוֹב

Congratulations!

Now you can read in Hebrew!

REFERENCE PAGE 1

The Vowels:

The vowels in the *Aleph Bet* are not letters but marks that appear under, above or in the middle of the letters. Once reading is advanced, vowels are not included in texts; they are used only to teach and to clarify literature or holy scriptures. (Read chart from right to left.)

as in:	Sounds like:	Looks like:		Name:	
Aqua	ah	אָ	ָ	*Kamatz*	קָמָץ
Aqua	ah	אַ	ַ	*Patah*	פַּתָּח
Red	eh	אֶ	ֶ	*Segol*	סֶגּוֹל
Red/Grey	eh	אֵ	ֵ	*Tzeireh*	צֵירֶה
Green	ee	אִ	ִ	*Heerik*	חִירִיק
Blue	oo	אֻ	ֻ	*Kubootz*	קֻבּוּץ
Blue	oo	אוּ	וּ	*Shurook*	שׁוּרֻק
Orange	oh	אֹ / וֹ	ֹ	*Holam*	חוֹלָם

(The *Kamatz* you see above is sometimes pronounced "oh". We will hardly see it in this workbook, but when you come across it, it is called a *Kamatz Katan*, a small *kamatz*.)

NOTE: The *Kamatz, Tzeireh, Holam,* and *Shurook* are long vowels.
The *Patah, Segol, and Kubootz* are short vowels.

Dipthongs:

When the letter *Yud* is without a vowel and follows a letter with a vowel, it adds the "y" sound to the vowel.

Sounds like:	Looks like:	
eye	אַי	ַי
ooy	אוּי	וּי
ay (ehy)	אֵי	ֵי
oy	אוֹי	וֹי

The *Shva*:

The *Shva* is not a vowel but sometimes acts and looks like one. There are quite a few rules for the *Shva* but, to keep it simple for the purpose of this workbook, here is the *Shva* in a nutshell:

Shva Nah, שְׁוָא נָח - Resting *Shva*: If it's in the middle or the end of the word, you do not pronounce it, it is simply clarifying the end of a syllable. The letters Hay (ה), Het (ח), and Ayin (ע) rarely use a Shva Nah.

Shva Na, שְׁוָא נָע - Verbal *Shva*: If the *Shva* is at the beginning of the word, it sounds like "i" as in Indigo and/or if there are two *Shvas* in a row anywhere in the word, the first will be a *Shva Nah* and is silent and the second one is a Shva Na and is pronounced, because the first one is clarifying the end of the syllable and the second one begins the next syllable. The letters Hay (ה), Het (ח), and Ayin (ע) never use a Shva Nah.

The letter Aleph (א) never uses either *Shva*.

(Read chart from right to left)

as in:	Sounds like:	Looks like:		Name:	
<u>I</u>ndigo	i	בְּ	ְ	Shva	שְׁוָא

The *Hataf* vowels :

Because the letters *Aleph* (א), *Hay* (ה), *Het* (ח), and *Ayin* (ע) do not use the *Shva*, we use *Hataf vowels* to compensate. You will <u>only</u> find the *Hataf* vowels under these four letters.

(Read chart from right to left)

as in:	Sounds like:	Looks like:		Name:	
<u>O</u>range	oh	אֳ	ֳ	*Hataf Kamatz*	חֲטַף קָמָץ
<u>A</u>qua	ah	אֲ	ֲ	*Hataf Patah*	חֲטַף פַּתָח
R<u>e</u>d	eh	אֱ	ֱ	*Hataf Segol*	חֲטַף סֶגּוֹל

Notice that the *Hataf Patah* and *Hataf Segol* sound the same as the stand alone *Patah* and *Segol* vowels. The *Hataf Kamatz* is not the regular *Kamatz* but is the *Kamatz Katan* which is found infrequently in the Hebrew language, and is pronounced "oh".

End Letters:

In Hebrew, the word "sof" means "end." A "sofit" letter is when a letter takes on a different form at the end of a word. There are only five letters that have an end, final letter, or sofit; they are the Kaf, Mem, Nun, Pay, and Tzadi.

Kaf / Haf/ Haf Sofit	כ / כ / ך
Mem / Mem Sofit	מ / ם
Noon / Noon Sofit	נ / ן
Pay / Fay / Fay Sofit	פ / פ / ף
Tzadi / Tzadi Sofit	צ / ץ

Letter Families:

There are seven "letter families" in the Aleph Bet.
Each version of the letter in the "letter family" has the same numerical value.
A few differ in sound based on the dagesh.
Five of the letters have an "end letter" or as we learned above, a sofit.

Bet / Vet	ב / ב
Kaf / Haf/ Haf Sofit	כ / כ / ך
Mem / Mem Sofit	מ / ם
Noon / Noon Sofit	נ / ן
Pay / Fay / Fay Sofit	פ / פ / ף
Tzadi / Tzadi Sofit	צ / ץ
Shin / Sin	שׁ / שׂ

REFERENCE PAGE 4

The *Dagesh*:

The *dagesh* is the dot in the middle of the letter. *Dagesh* (דָּגֵשׁ) in Hebrew means "stress" or "emphasis." A *dagesh* will bring emphasis to a part of the word.

When you have a *dagesh* in the letters Bet - בּ, Gimmel - גּ, Daled - דּ, Kaf - כּ, Pay - פּ, Tet - תּ, originally it would change the pronunciation of the letters. In Modern Hebrew dialect however, only the *Kaf, Bet* and *Pay* have pronunciation changes. This is called the *Dagesh Kal.*

פּ / פ	כּ / כ	בּ / ב
Fay / Pay	<u>H</u>af / Kaf	Vet / Bet

When any of the letters Bet (בּ), Gimmel (גּ), Dalet (דּ), Kaf (כּ), Pay (פּ), or Tav (תּ) are at the beginning of a word or the beginning of a syllable, after *Shva Na<u>h</u>* (שְׁוָא נָח), a D*agesh Kal* is placed in them. Only these six letters receive a *Dagesh Kal.*

The other *dagesh* is called *Dagesh <u>H</u>azak,* it can be found in every letter <u>except</u> the gutturals; *Aleph* (א), *Hay* (ה), *<u>H</u>et* (ח), *Ayin* (ע) and the letter *Resh* (ר).

There are many rules for the *dagesh,* but we will not discuss them because the rules are attached to grammar which we do not cover in this workbook.

Note: You may see the letter *Hay* with a dot, הּ, at the end of a word, this is not a *dagesh,* but a *mappiq,* it simply gives the *Hay* (ה) a consonantal force and lets you know that the word is a combination of two words.

There are a handful of roots in the Hebrew language that have a *mappiq* too. ex. ג.ב.הּ.

Please visit HebrewBasics.com ("videos+" page) for audio/video companions.

Review Sheet for א-ה

Recite the letters (remember to read from right to left)

א בּ ג ד ה

Name the vowels:

ַ	ָ
______________	______________

Read these words:

בָּא אַבָּא גַּג אָהַב דָּאַג

What do these words say? (Write them in transliteration.):

__________ __________ __________ __________ __________

Find the words from above:

ה	ד	א	בּ	ג
א	ב	א	ה	ד
א	ג	ה	א	א
ה	ג	ב	א	ג
ג	א	ג	א	ד

Review Sheet for א-י

Recite the letters (remember to read from right to left):

א בּ ג ד ה ו ז ח ט י

Name the vowels (or their sounds):

◌ַ ◌ֶ ◌ָ ◌ִ ◌ֵ

________ ________ ________ ________ ________

Read these words:

בָּא דָּאַג אֶחָד טָבָא אֵיזֶה

What do these words say? (Write them in transliteration.):

________ ________ ________ ________ ________

Find the words from above:

א	ג	א	ד	א
י	ד	ח	א	ב
ז	ב	ט	ח	י
ה	א	ב	ד	ב
י	ד	א	ב	ג

Review Sheet for א-נ

Recite the letters (remember to read from right to left):

אבּגדהוזחטיכּלמנ

Name the vowels (or their sounds):

ִ   ֶ   ַ

______ ______ ______

ֵ   ָ   וֹ

______ ______ ______

Read these words:

חוֹנֵן כָּבוֹד טֶנֶא מוֹהֵל כּוֹכָב

What do these words say? (Write them in transliteration.):

______ ______ ______ ______ ______

Find the words from above:

א	ל	ה	ו	מ
ט	ד	ו	ב	כ
נ	ה	ב	י	ו
א	ז	ד	נ	כ
ן	נ	ו	ח	ב

Review Sheet for א-צ

Recite the letters (remember to read from right to left):

א בּ ג ד ה ו ז ח ט י כּ ל מ נ ס ע פּ צ

Name the vowels:

ִ   ֶ   ַ   וֹ   ְ

________ ________ ________ ________ ________

ֵ   ָ   ֻ   וּ

________ ________ ________ ________

Read these words:

צָבוּעַ צָפוֹן סוֹכֵךְ עֵץ סוֹף

What do these words say? (Write them in transliteration.):

________ ________ ________ ________ ________

Find the words from above:

ף	ו	ס	ס	צ
י	ס	ח	א	ב
ן	ו	פ	צ	ו
ה	כ	ב	ד	ע
י	ד	ץ	ע	ה

Review Sheet for א-ת

Recite the letters (remember to read from right to left):

א בּ ג ד ה ו ז ח ט י כּ ל מ נ ס ע פּ צ ק ר ש ת

Name the vowels:

◌ְ וֹ ◌ַ ◌ֶ ◌ִ

________ ________ ________ ________ ________

וּ ◌ֱ ◌ָ ◌ֵ

________ ________ ________ ________

Read these words:

שָׁלוֹם עִבְרִית לְחַיִּים תּוֹדָה אַנְגְּלִית

What do these words say? (Write them in transliteration.):

________ ________ ________ ________ ________

Find the words from above:

ט	ס	ו	ל	ש	א
ע	ס	ת	ח	ש	נ
ב	ח	ו	י	ב	ל
ר	צ	ד	י	ר	ח
י	ע	ה	ס	ה	ב
ת	י	ל	ג	נ	א

The End.

This workbook is a Hebrew book and reads from right to left.
The first page of this workbook starts at the other end.

****

Other books by Michelle Geft:

Read, Write, Recite Hebrew
Shalom Israel
The Aleph Bet Coloring Book

I always appreciate reviews and it helps learners find and know more about my books. If you can, please review wherever you bought your book or email me and I can post it on my web site.

Visit

www.HebrewBasics.com

for free video companions and more.